Andreas Kirchner
Yannick van den Berg

Religion und Muße

Andreas Kirchner
Yannick van den Berg

Religion und Muße

Erkundungen eines Zusammenhangs

Mohr Siebeck

Andreas Kirchner, geboren 1983 in Dresden; Studium der Philosophie und Theologie in Dresden und Freiburg; 2013 bis 2016 Doktorand im SFB 1015 Muße, von 2017 bis 2022 Postdoktorand.

Yannick van den Berg, geboren 1986 in Basel; Studium der Geographie, Ethnologie und Soziologie in Basel; von 2017 bis 2022 Doktorand im SFB 1015 Muße, von 2022 bis 2023 Gaststudent am Institut für Sozialanthropologie der Universität Bern.

ISBN 978-3-16-161913-7 / eISBN 978-3-16-162005-8
DOI 10.1628/978-3-16-162005-8

Die Deutsche Nationalbibliothek verzeichnet diese Publikation in der Deutschen Nationalbibliographie; detaillierte bibliographische Daten sind über *http://dnb.dnb.de* abrufbar.

© 2023 Mohr Siebeck Tübingen. www.mohrsiebeck.com

Das Werk einschließlich aller seiner Teile ist urheberrechtlich geschützt. Jede Verwertung außerhalb der engen Grenzen des Urheberrechtsgesetzes ist ohne Zustimmung des Verlags unzulässig und strafbar. Das gilt insbesondere für die Verbreitung, Vervielfältigung, Übersetzung und die Einspeicherung und Verarbeitung in elektronischen Systemen.

Das Buch wurde von Gulde Druck in Tübingen aus der Minion gesetzt, auf alterungsbeständiges Werkdruckpapier gedruckt und gebunden.

Printed in Germany.

Für Melanie, Eli und Josua
(AK)

Für Vreni und Erich
(YvdB)

Vorwort

Das vorliegende Bändchen zu Religion und Muße entstand im Rahmen der interdisziplinären Forschungsarbeit im Sonderforschungsbereich 1015 *Muße*, der von 2013 bis 2022 von der Deutschen Forschungsgemeinschaft gefördert wurde. Es will nicht so sehr disziplinärer Forschungsbeitrag, sondern vielmehr eine zwar religionsphilosophisch-theologisch orientierte (und ethnografisch-ethnologisch ergänzte), aber allgemein verständliche Entfaltung einiger grundsätzlicher Fragen sein, die die Religion(-en) in Hinsicht auf Freiheit und Muße betreffen. Ausgehend von einem schweifenden Blick über das weite Feld von Religion und Muße, der einige ausgewählte Bausteine ihrer Fundamente beleuchten möchte, wird der Sabbat als ein zentraler Topos von Religion und Muße betrachtet, um dann überhaupt die Muße als eine potentielle Grenzlinie transzendenter Wirklichkeit zu entdecken. Der Weg dahin mag oft als Weltflucht in die Askese beschrieben worden sein; dem tritt hier der Versuch entgegen, die innere Bewegung der Askese als Weltzuwendung zu verstehen. Der Band bemüht sich um eine zugängliche Sprache und eine anschauliche Darstellung, die exemplarisch durch einen ethnografischen Feldforschungsbericht über das christlich-spirituelle Leben und Gebet in Namibia ergänzt wird. Abschließend werden noch einmal einige uns besonders wesentlich scheinende Aspekte im Blick auf die zukunftseröffnende Struktur von Muße und v. a. Religion zusammengeführt.

Dem strengen Blick der Fachperspektive zu genügen, ist nicht der vorderste Anspruch des Textes. Er will allerdings Anknüpfungspunkte für das eigene Verständnis und die eigene Positionierung bieten; Lesende mögen sich hier hin und wieder selbst entdecken und doch auch auf Denkwege geraten, die abseits der gewohnten Bahnen verlaufen und einen (kritischen) frischen Blick auf uralte Fragen eröffnen. Es geht selbstredend keinesfalls um eine erschöpfende Darstellung des vielschichtigen Themas, die in einem solchen Rahmen nicht geleistet werden könnte. Schon die breite Perspektive des Sonderforschungsbereiches muss an einigen Stellen außen vor bleiben. Schließlich geht es um einen ‚frischen Blick‘, eine Zuspitzung und *exemplarische Zusammenführung* von uns zentral scheinenden Aspekten der Beziehung von Religion und Muße, die Anstoß zu einem weiterführenden Verständnis von Religion sein können.

Die Entscheidung für diesen Zugang bringt es mit sich, dass sich manches, gesehen vor dem Hintergrund der geläufigen Deutungen, ungewohnt oder eigentümlich – wie das Konzept der Askese, das klassisch als Weltflucht und -verneinung (z. B. bei Max Weber) gedeutet wird – anhören mag. Insofern ist der vorliegende Text Ausweis eines verstandesmäßigen Experimentiergeistes, einer Suche, die es sich nicht mit althergebrachten Konzepten gemütlich machen möchte, die hin und wieder auch einmal ins Vage ausgreift und sich mutig auf unbefestigte Denkwege wagt. Dabei sollen das Phänomen Religion insgesamt und die jeweils einzelnen, historisch konkreten Religionen keinesfalls verklärt, sondern in ihrer Bedeutung und Vielschichtigkeit *exemplarisch* erkundet werden.

Der selektive Blick auf einzelne Aspekte erlaubt im Büchlein weitgehend frei zu springen und die Kapitel nach eigenem Interesse aneinanderzureihen. Einzig das einleitende Kapitel *Religion und Muße – Fragmente einer Verhältnisbestimmung*, das die konzeptionellen Grundlagen und zentrale Voraussetzungen umreißt, sowie das abschließende Kapitel *Kein Schluss? Aspekte religiöser Hoffnung*, das auf eine kurze, zusammenfassende Engführung abzielt, haben ihren festen Ort. Die Bezüge der anderen Teile untereinander sind freier, sie ergeben sich in der Lektüre, werden aber nicht immer explizit erläutert, insofern das Bändchen dazu einladen will, selbst nachzusinnen und Verbindungen und Bezüge mit forschendem Geist in freier Muße zu entdecken.

Die einzelnen Textteile sind teils methodisch unterschiedlich; der ethnologische Epilog (*Ein ethnografisches Beispiel aus Oukwanyama, Namibia*), der auf Grundlage empirischer Feldforschungen entstanden ist, sticht heraus und bereichert das Bändchen durch die konkretisierenden und veranschaulichenden Ausführungen, die aber, aufgrund der spezifischen religiösen Umwelt, von der sie berichten, auch noch eigene Gegenstände und Perspektiven einführen und hervorheben, die im hermeneutischen Zugang der anderen Kapitel weniger im Vordergrund stehen und diesen also ihrerseits ergänzen. Die breite interdisziplinäre Relevanz der religionsphilosophischen Ausführungen spiegelt sich in den empirischen Darlegungen, die daher vor dem abschließenden Kapitel stehen. Das Bändchen bildet *paradigmatisch* Diskussionen und Ergebnisse der Forschungen des interdisziplinären Forschungsverbundes ab und greift diese auf, zielt aber nicht auf eine Synthese der interdisziplinären Forschungen des Sonderforschungsbereiches zu Religion und Muße *insgesamt*.

Die einzelnen Religionen können nicht als in sich einheitliche Phänomene gesehen werden: zu groß und vielschichtig sind die inneren, regional-kulturellen Ausprägungen. Der Zuschnitt des Bändchens stellt nicht die Binnendifferenzierungen und Unterscheidungen der theologisch-historischen Äste konkreter Religionen ins Zentrum. Der religionsphilosophisch-theologische Boden, auf dem die dargebotenen Gedanken wachsen, ist breit und uneben. Viele Werke und Denker haben sich zu diesem und jenem bereits viele Gedanken gemacht – sie alle jeweils zu erörtern oder auch immer zu nennen, hätte den Rahmen und vor allem die Zugänglichkeit des Bändchens erheblich überstrapaziert. So soll nie die wissenschaftliche Auseinandersetzung mit einem Theoriekonstrukt im Fokus stehen, sondern allein – um ein schönes Sprachbild von Jean Baptiste Henri Lacordaire aufzugreifen – der muntere ‚Spaziergang im Unendlichen'. Dieser Spaziergang führt ohne starre Route hierhin und dorthin, eröffnet dem mit offenem Geist Schweifenden vielleicht überraschende Blicke auf Unvermutetes und manchmal auch nur die Ahnung von etwas, das es unbedingt wert ist, bemerkt zu werden, wenn man es auch aus der Ferne und hinter dem Flimmern des Dazwischenliegenden (noch) nicht scharf in den Blick bekommen kann. Oft gibt es auf diesem vom Erkundungsgeist gebahnten Weg keinen Halt, keine Stütze für die Gedanken. Das Abenteuer des ‚Denkens ohne Geländer' (Hannah Arendt) lässt uns aber den Boden, auf dem wir stehen, neu und anders begreifen, und bereichert unseren Blick auf so wesentliche Äußerungen des menschlichen (Zusammen-)Lebens, dass auch der sie nicht zu ignorieren vermag, der sie belächelt, abtut oder entschieden ablehnt. Allerdings ist der Zusammenhang von Religion und Muße keine notwendige, exklusive Verbindung. Selbstverständlich kann auch der nichtreligiöse Mensch gleichermaßen Muße finden und sie kann vielleicht sogar auch ohne religiöse Einbettung eine beinahe religiöse Bedeutung erlangen. Gegen die Engführungen der beiden Begriffe – Religion wie Muße – hat zuletzt Gregor Dobler Position bezogen und es ist zweifellos wichtig, vor dem Hintergrund dieser Kritik das Anliegen unseres Textes zu betonen. Schließlich geht es hier nicht um eine unverbrüchliche, stabile oder selbstverständliche Verbindung beider Begriffe; gerade deren immer wieder prekäres Verhältnis ist bemerkenswert. Die Geschichte hat wiederholt gezeigt, dass Religion(en) geradezu mußehinderlich sein konnte(n), Muße v. a. durch Normativität, Kontrolle und Zwang immer wieder zerstörte(n) oder wenigstens begrenzte(n), wenn religiös begründete Menschenbilder eng wurden und der Mensch zum Objekt der Geschichte, einer Ideologie oder übergeordneter Interessen verkam. Gerade vor dem Hintergrund einer solch schwierigen Beziehungsgeschichte möchten wir Anstöße geben, die einen gewinnbringenden Blick nicht nur auf die Beziehung zwischen Muße und Religion, sondern auch auf Religion und Muße selbst ermöglichen sollen. Dazu nehmen wir sie in ihrem eigenen Anspruch ernst.

Wir möchten uns bei allen bedanken, die in unterschiedlicher Weise an der Entstehung des Bandes beteiligt waren. Allen Ansprechpartner*innen sowohl des SFB 1015, insbesondere erwähnt seien Peter Philipp Riedl und Tilman Kasten, als auch des Verlags, besonders Betina Burkhart, danken wir für die vertrauensvolle Zusammenarbeit. Lisa Baumeister und Peter Norwood waren bei der finalen Redaktion des Textes eine große Hilfe.

Freiburg im Breisgau, Juni 2022   Andreas Kirchner
Yannick van den Berg

Inhaltsverzeichnis

Vorwort VII

Einleitung: Religion und Muße –
Fragmente einer Verhältnisbestimmung 1

Religion und Religionen? 1
Warum Religion und Muße? 3
Praxis der Muße? 10
Einschränkungen 12
Grundsätzlichkeit und Aktualität? 14
Wozu Religion? 18
Die Frage nach dem Menschen und die Frage
   nach Gott 21
Muße-Motive in den Religionen? 24
Fest, Geselligkeit und Lachen 28

Sinn der Arbeit und Sabbat 37

„Als die Götter Menschen waren …" 39
Sabbat 43

Zwischen Himmel und Erde – Muße als Grenze 61

Askese und lebendige Gegenwart 81

Kein Schluss? Aspekte religiöser Hoffnung 105

*Epilog: Ein ethnografisches Beispiel aus
Oukwanyama, Namibia* 117

Das Anliegen, mehr von Gott zu verstehen 121
Die soziale Einbettung des Betens 126
Spirituelle Sicherheit und ihr Bezug zu Muße 130

Literatur 133

Einleitung:
Religion und Muße – Fragmente einer Verhältnisbestimmung

Religion und Religionen?

Wähnten einige Stimmen die Religionen noch bis vor wenigen Jahren im Großen und Ganzen dem Ende nah, lässt sich seit einiger Zeit selbst bei ihren Kritikern Ernüchterung vernehmen. Religion, so zeigt sich, ist keineswegs tot; die Religionen sind keine obsolet gewordenen, überholten Relikte vorvernunftzeitlicher Epochen. Sie äußern sich in unserer Gesellschaft und Zeit allerdings anders, verlagern sich vorrangig in individualisierte und ‚bedarfsgerechte' Adaptionen von Sinnkonzepten und Deutungen, die die gesamte Lebenswirklichkeit, die Realität überhaupt einschließen. Global betrachtet konnte es nie einen Zweifel an der bleibenden (oder sogar steigenden) Bedeutung von Religion geben, obgleich in den letzten Jahrzehnten in verschiedenen Bevölkerungsteilen eine Entfremdungsbewegung gegenüber etablierten, institutionalisierten Religionen eingesetzt hat. Doch darf gerade diese kritische Abwendung von traditionellen Religionsformen nicht per se auch als Ablehnung von Religion oder Spiritualität insgesamt missverstanden werden. Wo Selbstbestimmung, Freiheit und Individualismus gesellschaftlich an Bedeutung gewinnen, geraten diese Werte nur eben zunehmend auch in Konflikt mit meist streng hierarchisch organisierten Religionsformen und fordern diese heraus. Nicht alle Religionen und Vertreter stellen sich gleichermaßen der daraus erwachsenden Aufgabe. Wo die oft antiquierte Sprache der Religionen dem heutigen Menschen zunehmend fremd geworden ist, wenden sich Menschen nicht selten zwar von den überkommenen Religionskonzepten bzw. -praktiken ab, ohne dass damit allerdings notwendigerweise gleichzeitig das Bedürfnis nach einer – im weitesten Sinne – Transzendenz- oder Gottesbeziehung preisgegeben werden würde. Vielmehr lässt sich beobachten, wie diese Abwendung auch mit einer neuerlichen, intensivierten Auseinandersetzung mit religiöser Sehnsucht, Spiritualität, Innerlichkeit, Sinn und Bestimmung einhergeht.

Die Ausdifferenzierung spiritueller und religiöser Glaubenspraxis fordert eine sprachliche Klarstellung. Der vorliegende Band kann ihr in ihrer diffizilen Breite nicht entsprechend Rechnung tragen und er wird sich vielfach in religionsphilosophischer Manier (auf Kosten einzelner Unterscheidungen) auf große Linien stützen. Die Rede von ‚der Religion' – im Singular – bezieht sich dann auf die in den historischen Entfaltungen der Religionstraditionen geteilte Grundstruktur, vor allem eine Dimension der Transzendenz, die Einsicht in das Ungenügen des Anscheins,[1] in den Mangel an anwesender Gegenwart[2] und

---

[1] Besonders anschaulich lässt sich diese Deutung der sinnenfälligen Welt in den fernöstlichen Religionen finden (vgl. unten S. 86).

[2] Zeit und Vergänglichkeit bilden ein Grundthema der Religion. Es ließe sich wie folgt zusammenfassen: „Im steten Übergang alles Erscheinenden ist Gegenwart als Ruhe nicht erkennbar, da die Bewegung des

die Beschränktheitserfahrung der Eigenmacht über unsere Geschichte, Anfang und Ende, sowie Identität. Die Rede von ‚den Religionen' – im Plural – stellt dagegen die Vielfalt und die Vielgestaltigkeit, die konkreten historisch-empirischen Institutionen und Erscheinungsformen der religiösen Traditionen und Praktiken ins Zentrum. Die wesentlichen hier genannten Aspekte werden im Band immer weiter entfaltet und aufgeschlüsselt. Sie werden spätestens in der Anwendung auf konkrete Phänomene einsichtig.

Es ist unbedingt zu betonen, dass auch die Singularform ‚Religion' keineswegs suggerieren möchte, dass es keine Vielfalt in der gemeinsamen Struktur gibt. Die Akzente in Hinsicht auf die Bedeutungen der verschiedenen Aspekte werden sehr individuell gesetzt und sind jeweils kontextuell bedingt. Ob die Einsicht in das eigene Ungenügen, das Ungenügen der Welt oder des Menschen insgesamt, ob die Erfahrung der Ohnmacht oder eines Mangels an Gegenwart etc.: Sie alle gelten aus unserer religionsphilosophischen Perspektive als ein Grund von Religion, aus dem heraus die religiöse Suche ihren Anlauf nimmt, um sich dann in den verschiedenen Ausdrucksformen der Religionen zu kanalisieren und zu konkretisieren.

Warum Religion und Muße?

Muße kann in einem allgemeinen Sinn als Möglichkeitsraum „eines wachen Innehaltens, eines reflektierenden Zu-Sich-Kommens, einer Selbst-Vergewisserung und […]

Daseins alles Künftige ins Vergangene wandelt und dadurch kein Bleiben zuläßt." Bernhard Uhde, *Gegenwart und Einheit. Versuch über Religion* (unveröffentlichte Habilitationsschrift), Freiburg im Breisgau 1982, 24.

die gesteigerte Möglichkeit der Selbstbestimmung oder ‚Selbststeuerung'" und damit als „Erfahrungsraum, in dem das Diktat einer getakteten, drängenden Zeit zumindest vorübergehend aufgehoben ist"[3], verstanden werden. Diese allerdings negative Bestimmung der Freiheit, d.h. die ‚Freiheit von' Notwendigkeiten, Zwängen, Zeit-, Leistungs- und Produktivitätsdruck, Erwartungen etc. fordert eine inhaltliche Antwort positiver Freiheit, d.h. eine Ausfüllung des Freiraums, der ‚Freiheit zu' etwas.[4] Hier nun kommen jene großen Begriffe und Konzepte zur Anwendung, die den Weg der Begegnung mit religiösen Konzepten weisen. Da ist die Rede von Selbstzweckhaftigkeit, Selbstgenügsamkeit, Selbstbestimmung und Selbstverwirklichung, von Frieden und Ruhe, Gelassenheit und Bedürfnislosigkeit sowie Erfüllung, oder sogar Vervollkommnung des Menschen.[5] Solche hehren Begriffe mögen in uns berechtigterweise Vorsicht wecken, weil sie Zeugen einer historisch wirkmächtigen Vereinnahmung und Verengung eines Muße-Konzeptes sind, in dem Muße in einer „einseitigen Bestimmung durch den Bezug auf Kontemplation und Erkenntnis"[6] verhaftet blieb.

Die Religion und das Feld der Metaphysik insgesamt tragen Sorge um die Geistes- und Seelenpflege (Eduard Spranger), sie fragen auch nach dem Ganzen, nach dem Menschen und dessen Verwirklichung. Damit stehen sie

---

[3] Jochen Gimmel/Tobias Keiling et al., *Konzepte der Muße*, Tübingen 2016, 2.

[4] Vgl. Gimmel, *Konzepte der Muße*, 61–66.

[5] Vgl. Gimmel, *Konzepte der Muße*, passim.

[6] Gregor Dobler, „Muße und Religion? Ethnologische Anmerkungen zu ihrem Verhältnis", in: *Theologische Quartalschrift* 202 (2022,1), 5–24, 6.

auf dem Feld, welches Aristoteles, der ‚Vater' der Muße-Forschung, einst der Muße zusprach. Die Muße war für ihn der Raum der höchsten möglichen Verwirklichung, ja ‚Vergöttlichung'[7] des Menschen in der denkenden *theoria*. Aber was kann dieses alte Konzept heute noch bedeuten, wo sich doch unser Muße-Begriff entscheidend verändert hat?

Hält man mit diesem beiläufigen Befund der vagen Nähe von Muße und Religion inne, stellt sich die konkretere Frage: *Was genau verbindet Religion eigentlich mit Muße?* Gibt es hier über jene offensichtlichen sozialgeschichtlichen Einflüsse der historischen Religionen, die etwa den Sabbat und den Sonntag als dezidiert arbeits- und geschäftsfreie Zeiträume hervorgebracht haben, die oft als Inbegriff mußeaffiner Freiheitsermöglichung verstanden werden, weitere wesentliche (und vielleicht noch grundsätzlichere) Verknüpfungen? Sind die Religionen selbst vielleicht mehr oder weniger Artikulationen eines Freiheitsstrebens des Menschen? Tatsächlich lassen sie sich als Ergebnisse von Religion, d.h. als Suchbewegungen des heimatlosen Menschen in der Welt verstehen, als ruhelose Suche nach Ankunft, Vollendung, Erfüllung und Frieden, Sinn und Innerlichkeit – Komplexe, die seit jeher eng verquickt mit der Muße auftreten.

Ist also die Nähe von Religion und Muße eine innere Verbindung? Oder ist das alles nicht mehr als ein Überstrapazieren eines bloß ungefähr bleibenden, fernen Verhältnisses? Solche Fragen sind es, die diesem Band zugrunde liegen und die seine Entstehung begleiteten. Es

---

[7] Aristoteles (*Nikomachische Ethik* X 7 1177b 16–1178a 8) spricht in diesem Zusammenhang auch davon, dass sich der Mensch in der Betrachtung des Geistes *(theoria)* „verunsterbliche" *(athanatizein)*.

geht zuallererst um die *exemplarische* Erkundung eines Zusammenhangs, der sich aufgrund seiner thematischen Komplexe und Kontexte als vielschichtig erweist. Die zentralen Dimensionen von Transzendenz – wir werden stattdessen oft vom *Anderen* sprechen – und Freiheit bestimmen alle Religionen gleichermaßen über kulturelle Formen und Sprachen hinweg. Diese Erkenntnis war auch für Mircea Eliade, Religionswissenschaftler und -philosoph, wichtig, der die Wurzeln der Religion im Menschen in den Blick nahm:

Man braucht nicht zu betonen, daß auf den archaischen Kulturstufen keine Begriffe, die ‚Transzendenz' und ‚Freiheit' bezeichnen, begegnen – aber die Erfahrung ist da, und diese Tatsache ist bedeutsam. Einerseits beweist sie, daß die Wurzeln der Freiheit in den Tiefen der Psyche zu suchen sind und nicht in durch bestimmte historische Momente erzeugten Bedingungen; anders ausgedrückt: daß das Streben nach vollkommener Freiheit zu den wesentlichen Sehnsüchten des Menschen gehört, wie auch immer seine Kulturstufe und die Form seiner gesellschaftlichen Verfassung sei. Die unendlich wiederholte Schöpfung jener zahllosen imaginären Welten, in denen der Raum und die Schwere überwunden sind, bezeugt uns eindringlich die wahre Dimension des menschlichen Wesens. Die Sehnsucht […] ist nicht das Ergebnis kosmischen Zwanges oder wirtschaftlicher Unsicherheit – sie ist mit der Existenz des Menschen gegeben, insofern er sich einer Seinsweise erfreut, die in der Welt einzigartig ist.[8]

Es ist eben diese einzigartige Seinsweise des Menschen, die uns im vorliegenden Text zur Frage geworden ist und die es darum zu ergründen gilt.

Aus der Sicht der Religion(-en) bietet die Muße einen Zugang zu einer oft übersehenen Dimension dieser Frage

---

[8] Mircea Eliade, *Mythen, Träume und Mysterien* (Wort und Antwort 25), Salzburg 1961, 154.

nach dem Menschen und es kommt in ihr eine dritte Dimension jenseits von Aktivität und Passivität zum Ausdruck, die helfen kann, diese Polarität zu transgredieren. Damit kommt auch der Mensch selbst neu in den Blick und es zeigt sich einmal mehr, dass nicht allein die Religionen über Sinn, Selbstverwirklichung, Transzendenz etc. handeln, dass nicht nur ihnen der größere Blick auf einen Sinnzusammenhang von Leben immanent ist. Aus Sicht der Muße ist der Blick auf Religion u. a. deshalb relevant, weil sie Potentiale der Kritik und des „anderen Lebens" sowie Ergänzungen oder Gegenentwürfe zum endlosen Produktivitätszwang birgt, die über konkrete Praktiken hinaus ganz grundsätzlich eine wenigstens partielle Komplementärbeziehung nahelegen. Dass dies gleichwohl nicht für jegliche religiösen Phänomene und Dimensionen gilt, muss nicht eigens erörtert werden. Auf die Grenzen wurde bereits hingewiesen.

Die Vielschichtigkeit des Verhältnisses von Religion und Muße bildet sich auch in vielen Schriften ab, die von anderen in früheren Zeiten und Kontexten zu dem Thema verfasst wurden. Zu nennen wären hier beispielsweise Josef Piepers *Muße und Kult* (1948) und Fritz Leists *Wäre ich ein Mensch …* (1956). Während Pieper Muße als Zustand der Seele, als feiernde Haltung dessen, der sich öffnet und der loslässt, und also auf der Linie einer Festtheorie entwickelt hat, spricht Leist von der Muße als Sammlung des Menschen in der Gegenwart zu sich selbst und Gott hin, die aus der Trägheit (auch der Arbeit) herausruft. Beiden gemeinsam scheint u. a. der warnende Ausgangspunkt, aus dem heraus sie gegen die zunehmende Vereinnahmung des Menschen in den Arbeits- und Produktivitätskontexten anschreiben möchten. Beide sprechen, so gewendet, einer theologischen Anthropologie der Muße das Wort, in der sie dann nicht nur den Gegenentwurf zu einer um sich greifenden Diktatur der Arbeit und der Produktivität sehen. Die Muße ist für sie ungleich grundlegender, sie geht aller Arbeit voraus und ist zugleich eigentliches Ziel aller Arbeit, ist also Anfang und Ende, Grund des Menschen und alleiniger Weg der Verwirklichung desselben.

Diese fundamentale Bedeutung der Muße mag überraschen. Wir dürfen (und müssen) sie immer wieder kritisch abwägen, denn solche emphatische Vereinnahmung der Muße für den Anspruch der Erkenntnis und der Kontemplation braucht ein kritisches Korrektiv aus der Perspektive anderer Disziplinen und entsprechende Diskursivierungen, um Muße nicht in einer theologischen Vereinnahmung zu funktionalisieren und sie so zuletzt aus dem eigenen Anspruch der Freiheit zu lösen.[9]

Wenn Pieper Muße beschreibt als „Haltung des rein empfangenden Sich-Versenkens in die Wirklichkeit; ein Geöffnetsein der Seele, dem allein die ganz großen, glücklichen Einsichten zuteil werden, die wir durch keine ‚geistige Arbeit' zu erjagen vermögen"[10], dann scheint diese Bestimmung der Muße hinter der im klassischen Sinne mit ihr verbundenen Kontemplation zurückzubleiben. Letztere zeigt schließlich auch eine Offenheit zur Aktivität hin, ein aktives Moment der Betrachtung. Wenn er im Anschluss bemerkt, dass Muße „eine Haltung des Feierns" ist und „Feiern […] das Gegenteil von Mühe"[11] bedeutet, wird deutlich, wie sehr hier ein Idealbegriff von Muße, dem jede

---

[9] Siehe dazu zuletzt Dobler, „Muße und Religion?".
[10] Josef Pieper, *Muße und menschliche Existenz* (1959) (Werke 8,2), Hamburg 2008, 455.
[11] Pieper, *Muße und menschliche Existenz*, 455.

Mühe und Krisis fernliegt, aufstrahlt. Dagegen lässt sich allerdings fragen, ob die Muße nicht auch der Grund sein kann, auf dem Krise und Konflikt gedeihen können. Wenn der Mensch auf sich selbst zurückgeworfen ist und sich nicht länger in der Arbeit und der Fremdbestimmung abzulenken oder gar zu betäuben verleitet ist, können Unzufriedenheit, Unglück und Krisen hervorbrechen. Fraglos können diese auch (natürlich nicht immer) kathartische, erneuernde und Aufbruch verheißende Bedeutung gewinnen. Birgt die Muße nicht selbst manches Mal den Keim der Mühe, sich selbst in seiner ungeschminkten Blöße und also ohne das alltägliche Geschmeide von kleidenden, verhüllenden Worten und Taten ansehen zu müssen? Brechen in ihr nicht umso anstrengendere Fragen – nach Sinn, Ziel und Bedeutung – in unser Leben ein, von denen wir uns in zahlreichen Aktivitäten ablenken? Ist nicht Arbeit und zielgerichtete Aktivität das, was uns meist unmittelbare und zweifellos handfeste Ergebnisse bietet? Liegt in der Offensichtlichkeit des Produkts nicht eine große Erleichterung, die Ruhe und Gelassenheit möglich macht? Oder ist das Produkt, wo es der Lohnarbeit entspringt, immer mußeavers? Die für Pieper so grundsätzliche Engführung von Religion und Muße auf Kontemplation und Erkenntnis hin ist zuletzt wieder kritisiert worden.[12] Allerdings ist auch bemerkenswert, dass Begriffe wie Erkenntnis und Kontemplation schnell zu einer engen intellektualistischen Deutung des Zusammenhangs führen können, und im Weiteren übersehen zu werden droht, dass Erkenntnis im Bereich der Religion keineswegs nur intellektuell sein muss, die breite religiöse Erkenntnis für Erfahrung offen

---

[12] Dobler, „Muße und Religion?", 7–11.

ist und bleibt, mystische Zugänge sich oft sogar gegen intellektualistische Erkenntnisweisen wenden oder diese jedenfalls ausdrücklich ergänzen wollen.

Praxis der Muße?

Der Blick auf griechische und lateinische begriffs- und ideengeschichtliche Vorbilder legt zunächst einmal die Unvereinbarkeit von Muße (griech. *schole*; lat. *otium*) und Arbeit (griech. *ascholia*; lat. *negotium*) nah. Doch wird mit den griechischen oder lateinischen Begriffen ein eng umgrenztes Begriffsfeld bezeichnet, das nicht vollständig synonym mit dem heutigen Begriff von Muße ist. Sie haben zwei Bedeutungsebenen, insofern sie einmal nüchtern und neutral so etwas wie die von Arbeit und Zwang freie Zeit bezeichnen, dann aber auch eine ideale Füllung dieser Zeit durch eine Geistespraxis implizieren, die oft ausschließlich *theoria* als philosophische Kontemplation bedeutet, daneben gelegentlich – in einem dann schon weiteren Mußebegriff – auch bspw. der Musik Raum gibt. Dieser Begriff von Muße zeichnet sich dadurch aus, dass das, was in ihm getan und gedacht wird, allein um seiner selbst willen ist. Die *Selbstzwecklichkeit* der Handlung und Praxis (die *theoria* kann in der antiken Philosophie als höchste Form der Praxis gelten) ist demnach etwas, das allein in der Muße Raum hat – und das die Muße als Raum der Vollendung aller auf Fremdzwecke hin über sich hinausgreifenden Praktiken und Handlungen kennzeichnet. *Allein in der Muße wollen wir nichts Anderes tun und denken als das, was wir tun und denken.* ‚Der Mensch' kommt in dieser idealen Konzeption tatsächlich erst in der Muße zur Vollendung seiner selbst, weil er nur in ihr sich selbst genug ist, nicht auf einen späteren Zweck ausgreift und aus Notwendigkeit oder Zwang heraus handelt. Die Selbstzwecklichkeit als formale Beschreibung der inneren Struktur der Muße sagt aber keineswegs etwas über die konkreten Praxisformen aus, die in ihr geübt werden sollen. Wo diese Praktiken eng gefasst sind – am deutlichsten ist das bei Aristoteles' *theoria* der Fall – zeigt sich ein normatives Feld, das Wertungen und Hierarchisierungen impliziert, die aus heutiger Sicht nicht ohne Probleme sind, weil sie ‚dem Menschen' wenig Raum für Individualität lassen, ihn selbst ihrerseits zwingen, indem sie ihm absprechen, sich in einer selbst gewählten Weise frei zu verwirklichen.

Das zugrundeliegende Menschenbild kann uns aus der neuzeitlichen Perspektive infolge der subjektiven Wende, die auf dem kartesischen Prinzip des sich selbst gewissen Subjektes gründet, irritieren; doch sind solche Normative vor dem Hintergrund der Zeit ihrer Entstehung zu begreifen. In antiker (und teils auch noch mittelalterlicher) Zeit, die die Wirklichkeit im Sinne einer bipolaren, aus Gegensätzen heraus begriffenen Ordnung verstand,[13] war eine Stufendeutung menschlicher Praxis und des Menschen selbst nur konsequent. Paradigmatisch zeigte sich die bipolare Weltsicht in der Bestimmung der Menschen, die als Sterbliche *(thnetoi)* den Unsterblichen *(athanatoi theoi)* gegenüberstanden und aus dieser Polarität heraus begriffen und bewertet wurden. Im europäischen Mittel-

---

[13] Dieser Ansatz gründet auf dem Entwurf von Heribert Boeder, *Topologie der Metaphysik*, Freiburg/München 1980; Boeder entfaltet für die erste (antike) und zweite (mittelalterliche) Epoche diesen Ansatz weiter. Ders., *Das Bauzeug der Geschichte. Aufsätze und Vorträge zur griechischen und mittelalterlichen Philosophie*, hg. v. Gerald Meier, Würzburg 1994.

alter war es bspw. der Kontrast von Himmel und Erde, von göttlicher Vollkommenheit und Schönheit gegenüber der weltlichen Sündenhaftigkeit und Verkommenheit, der über weite Strecken das Denken und das Verständnis der Wirklichkeit prägte. Freiheit bedeutete antik-philosophisch die Freiheit von Zwang, die sich in der Muße, der von aller Fremdbestimmung freien Zeit, in der selbstbestimmten Praxis der *theoria* als sich selbst genügende Selbstbezüglichkeit des Geistes in ihrer reinsten Form darbot, wie es schien. Erst in dieser freien Selbstbezüglichkeit des Geistes wuchs der Mensch zu dem, der er idealiter sein konnte. Erst jetzt entsprach er der Idee, die er von sich selbst hatte.

Diese ‚Anthropologisierung' sollte nicht zu eilig belächelt und übergangen werden. Vielmehr fordert sie, was sie selbst sagt: eine innehaltende und aufmerksame Auseinandersetzung. Wer die Muße verstehen will, der muss sie anschauen – auch in jenen merkwürdigen und heute vielleicht nicht mehr vertretbar scheinenden Weisen. Dazu wiederum bedarf es der Muße. Wenngleich sie sich auch nicht zwingen lässt, ist sie doch ein dankbarer Gast, der oft einkehrt, wo man ihm Raum lässt. Dass Muße heute als ein aus der Zeit gefallener Begriff anmuten kann, ist nur ein Indiz mehr für die Notwendigkeit, sich diesem so oft vernachlässigten Gegenstand zu widmen.

Einschränkungen

Die anklingenden Probleme werden in den verschiedenen Texten des vorliegenden Bandes in unterschiedlichen Kontexten aufgegriffen und weitergeführt. Der Anspruch kann aber nicht lauten, sie zu einem Ende zu führen und also ein für alle Mal zu klären. Was sollte dieses Ende sein, wenn doch jede Zeit und jeder Mensch zuletzt für sich selbst zu einem eigenen Verstehen und damit einem Begriff von Muße finden muss. Wie wir bspw. über das in Hinsicht auf gesellschaftliche Privilegien seltsam unterreflektierte Muße-Verständnis des Aristoteles staunen mögen, so werden (hoffentlich!) nachkommende Generationen über unsere eigentümliche Erhebung der Arbeit und die noch die Muße umgreifende ‚Selbst-Arbeit' ungläubig staunen können. Aus den Schleifen der historisch-hermeneutischen Bedingtheit gibt es kein Entrinnen. Neben dieser geisteswissenschaftlich beinahe trivialen Erwägung ist aber auch auf die Grenzen hinzuweisen, die mit der vorliegenden Publikationsform verknüpft sind. Schließlich folgt das Bändchen dem Anspruch, nicht nur für einen (viel zu kleinen) Kreis von Muße-Forschenden, sondern für ein breites interessiertes Publikum den infrage stehenden Zusammenhang zu erkunden. Möchte man sich nun einem solch komplexen Verhältnis in eingängiger Weise nähern, bleibt kaum eine andere Möglichkeit: Es müssen Unschärfen in Kauf genommen werden. Die Entscheidung für einen Zugang bringt allerhand (auch unausgesprochene) spezifischere Vorentscheidungen mit sich und einen Weg gehen heißt eben auch, viele Wege nicht gehen. Mehr noch: Selbst der Gang ist nur das Setzen von Schritten hier und da, was notwendigerweise vieles unberührt und unbetreten zurücklässt. Diese Selektivität ist, wo sie bewusst und offengelegt ist, keine Schwäche. Sie ist gerade darin von besonderer Bedeutung, dass sie zielstrebiger und mit festem Blick auf das Worauf-hin zueilt, ohne sich in der schieren Masse der Differenzierungen und die Lesenden im Klein-Klein der Buchstabenwüste zu verlieren.

Linien mit gröberem Pinsel zu zeichnen bedeutet gerade zu Beginn einer solchen Erkundung, Prinzip und Überblick über einen Komplex über kühle wissenschaftlich exakte Nüchternheit und Vollständigkeit zu stellen und so mit schnellerem Schritt voranzuschreiten. Dem ersten groben Bild mag es an Detailtreue und Genauigkeit mangeln, aber es zeigt etwas sonst Verstelltes und gibt einen Eindruck von dessen Bedeutung, der sich nicht im Detail zeigen könnte. Auch die Rede von ‚der Religion', wie sie an vielen Stellen im Text begegnen wird, ist, wenngleich sie wie erwähnt auf den gemeinsamen Grund der Traditionen abhebt, in einem generalisierenden Sinn nur mit erheblichen Abstrichen möglich.

Was Religion sei, ist nicht definitorisch vorausgesetzt, sondern zeigt sich in den folgenden Betrachtungen immer schärfer. Wir wissen um das Ungenügen, das einem solchen Vorgehen in den Augen der strengen Analytikerin eignen muss, und wollen doch dafür werben, sich einzulassen auf diese Weise des Verstehens, das auch im Konkreten – dem Glaubenszeugnis, dem Dokument, der heiligen Schrift, der Tradition etc. – ansetzt und ausgehend davon etwas Allgemeineres begreifbar machen will. Gerade der Fokus auf das Verhältnis von Religion und Muße soll uns helfen, beide Seiten aus ihrer jeweiligen Beziehung heraus in sich tiefer zu verstehen.

Grundsätzlichkeit und Aktualität?

Die Schreibenden haben zwar einen katholisch-theologischen, philosophischen und ethnologischen Hintergrund, wollen aber keinesfalls nur in dieser disziplinären Steifheit sprechen und denken. Sie widmen sich in einer grundsätzlicheren Weise der methodischen Reflexion einem gesellschafts- und religionsphilosophischen Verhältnis, das für eine Vielzahl von Religionen, aufgrund der näheren gesellschaftlichen Einbettung aber vor allem für die abrahamitischen Religionen, als relevant gelten darf – dies umso mehr vor dem Hintergrund aktueller sozialer und politischer Entwicklungen. Die rast- und ruhelose Gesellschaft, die den Götzen der ständigen (Selbst-)Optimierung, der Effizienz, Leistung und Produktivität bereitwillig alles opfert, ist mit der „Coronakrise" in ihrem Lauf scharf ausgebremst worden und kann, wo sie der existenziellen Bedrohung glücklich entkommen ist, mit zunächst ruhigeren, bedächtigeren Schritten neuerlich nach dem Grundsätzlichen und dem Ziel und Zweck von allem fragen. Das mag ihr zuletzt vielleicht nur wenig gelingen, doch wo wir diese Frage ehrlich aushalten und nicht fliehen, wo wir uns ihr aussetzen und das Sakrileg gegen herrschende Götzen wagen, birgt sie eine grundstürzende Kraft, die neue Welten erschaffen kann. Was wäre das für eine Gesellschaft, die sich nicht länger zuallererst (oder sogar einzig) von Besitz, Geld und Gütern, Wachstum und Quantität her begreift? Was hieße das, wenn wir Freiheit (von und zu), Ruhe und Langsamkeit, Stille und Selbstbeschränkung für uns neu entdeckten? Manch einer mag einwerfen, dass sie doch schon längst wertgeschätzt und gesellschaftlich zunehmend positiv genannt würden. Das mag stimmen, verkennt aber, dass sie noch ganz und gar ‚Pausenfüller' sind und meist im Seufzen der Sehnsucht, des Wunsches unterkommen. Muße, Freiheit, Ruhe, Stille etc. sind erlaubt, sogar teils gefordert, sollen aber vor allem die verordnete Rolle zweckdienlicher Regeneration einnehmen. Sie haben sich nützlich zu machen im Produktivitätsparadigma der

Leistungsgesellschaft. Wie einst der Schmuckeremit im 18. und 19. Jahrhundert, der die vornehmere Gesellschaft mit einem Blick auf die soziale Bedürfnislosigkeit zu unterhalten und gelegentlich mit einem *Memento mori* zu gemahnen hatte, um dann sogleich wieder gemäß seiner Anstellung aus den Augen zu treten, sind Muße, Ruhe usw. heute trotz allem die gefälligen Narren der allgemeingesellschaftlichen Diktion permanenten Fortschritts und Wachstums. In der geordneten Einhegung und Pflege tragen sie das Leistungssystem dann entscheidend mit, kanalisieren die septischen Kräfte und wahren das Bild der freien Wahl. Wo sie die Kräfte neu sammeln, mutigen Leistungen zugrunde liegen, Entscheidungen voranbringen und die Schultern für neue Last stärken, sind sie willkommen. Ihre Funktionalisierung im Kontext allumfassenden ökonomischen Denkens, das auch das Selbst zu einem ‚unternehmerischen Selbst'[14] werden lässt, hält sie klein, beraubt sie ihrer Kraft und stabilisiert die krasse Dominanz der Produktivitätsgesellschaft, gegen die die religiöse Dimension der Muße und die Mußedimension der Religion aufbegehren kann.

So gilt es, diesen beiden Dimensionen Raum zu schaffen, sie anzuhören und immer wieder kritisch auf die Implikate dieses Zusammenhanges zu blicken. Das aber nicht um einer ständig weiter zu optimierenden Gesellschaft, sondern um des Menschen willen, der im unnachgiebigen Zwang der Ansprüche, die an ihn gestellt werden, sich selbst zu verlieren droht. Denn um nichts weniger geht es, als um die Frage nach dem Menschen, nach dem, was ihn

---

[14] Vgl. Ulrich Bröckling, *Das unternehmerische Selbst. Soziologie einer Subjektivierungsform*, Frankfurt am Main 2007.

ausmacht, ihm Grund gibt und hält. Die für unsere Zeit unübersehbare Unruhe[15] kann sich u. a. in zwei Weisen zeigen: Sie kann uns ruhe- und rastlos immer weitertreiben, jeden Halt mit nervöser Mahnung und Hinweis auf die ständige drohende Gefahr vergällen. Die anderen schlafen nicht! Stillstand ist der Tod! Wettbewerb heißt Anstrengung und Schweiß! Religiöse Traditionen hatten und haben selbst immer wieder ihren Anteil an solchem Ansporn zur ‚Leistungssteigerung' – man denke an die vielen Formen der *prosperity theology*.

Andererseits kann die Unruhe uns gerade im alltäglichen Getriebe selbst aufschrecken lassen, kann uns quälende Fragen eingeben, die uns nicht mehr loslassen und die Zweifel an der Notwendigkeit und Selbstverständlichkeit der gewohnten Ordnung nähren. Das Gift dieser zweiten Unruhe kann heilsam sein, wo wir es auf die festen Krusten der Gewohnheit geben und wirken lassen. Beide Formen der Unruhe sind, wie wir glauben, Ausdruck des tiefen Verlangens nach Ruhe, Ankunft und Heimat, doch allein die zweite Form kann uns helfen, auf dieses Verlangen nach Kräften in einer Weise zu antworten, die das Ersehnte ein Stück weit möglich macht. Die Muße ist das Feld, auf dem, wenn es gut bestellt und mit Zeit und Geist gepflegt wird, diese Früchte blühen. Die Religion wiederum sät und pflegt die Muße auf vielfältige Weisen. Sie löst aus dem alltäglichen Trott, hebt den Blick über die altgewohnten Einhegungen, schafft ihr Raum und kann, wo sie nicht in Institutionalismus und Tradition erstarrt ist, die Sinne und den Geist wachhalten für das, was wir *das Andere* nennen,

---

[15] Vgl. Ralf Konersmann, *Die Unruhe der Welt*, Frankfurt am Main 2015.

wenngleich es „aller Verschiedenheit, Andersheit, Gegensätzlichkeit, Ungleichheit, Teilung und allem anderen, was die Vielheit begleitet"[16], vorausliegt. Das nun ist die alte Frage, der die Religionen mit einer je eigenen Sprache zu begegnen versuchen: Wie ist von dem zu sprechen, an dem alle Sprache zerbricht? In der Geistesgeschichte lassen sich immer wieder Beispiele dafür finden, wie das Ungenügen der Sprache methodisch umgangen werden sollte. Ob Vergleiche, Gleichnisse und Metaphern, negative Dialektik, die sagt, was das Andere nicht ist (und ein Begreifen ex negativo versucht), ob die emphatische Affirmation, die mit Übersteigerungsvokabeln arbeitet, oder das Paradox, das dem Ungenügen der Sprache am deutlichsten Ausdruck verleiht – sie alle sind Hilfskonstruktionen und übertönen das Verstummen hinter ihnen.

Wozu Religion?

Nimmt man die Frage nach dem Verhältnis von Religion und Muße in den Blick, kommt damit unweigerlich auch die Frage nach dem *Wozu?* von Religion auf. Diese stellt sich aus verschiedenen Perspektiven. Vonseiten der Religionskritik wird sie als Anfrage an die historischen Erscheinungsformen der Religionen formuliert. Dabei folgt dann auch beinahe zwangsläufig eine Fundamentalkritik an den Religionen, die als archaische Erklärungskonstrukte vorvernünftige Denkmuster durch die Zeit getragen hätten und als Feinde der Wissenschaft immerzu den Keim zu Zwietracht und Gewalt in sich trügen. Es lässt sich kaum

---

[16] Nicolaus Cusanus, *De coniecturis* 5,17 (Opera omnia, Bd. III, hg. v. Joseph Koch/Karl Bormann, Hamburg 1972).

leugnen, dass beinahe alle Religionen im Laufe ihrer Geschichte vielfaches Leid verursacht haben. Weltanschauliche Transzendenzkonzepte und religiöse Ideologien bergen zweifellos die Gefahr, von dominierenden Teilen für wirtschaftliche, politische und gesellschaftliche Zwecke instrumentalisiert zu werden und von einzelnen oder einer Gruppe zur Rechtfertigung von Ablehnung, Ausgrenzung, Vereinnahmung und Gewalt missbraucht zu werden. Die Ziele sind oft ganz diesseitig. Religionsbezogene Beispiele, in denen gerade die Macht sich einsetzte, um auch zum diesseitigen Wohle der (anderen) Menschen zu handeln, in denen kulturformende und -schaffende Kräfte Geschichte bildeten, zum Handeln ansportnten, Entzweiung überwanden und Nähe förderten usw., sind ebenso vielseitig, werden aber in der kritischen Sicht als Verbrämung relativiert.

Doch aller Kritik und Ablehnung zum Trotz: Die Religionen sind nicht Geschichte. Als potentielle Instrumente der Macht, und eben auch der Unterdrückung und Gewalt, bedürfen sie weiterhin des ständigen kritischen Blickes und der intensiven Auseinandersetzung. Nur so können Keime der Funktionalisierung und überhaupt problematische Entwicklungen frühzeitig offengelegt werden. Einseitige pauschale Ablehnung oder sogar polemische Diskreditierung sind dabei wenig hilfreich und Folge einer ‚Blindstellung'. Religionen sind ein unleugbares Faktum und das bleiben sie weiterhin, egal ob man das will oder nicht. Sie haben sich selbst im Angesicht der erbitterten Gegnerschaft als bemerkenswert hartnäckig erwiesen. Sie wandeln sich und vergehen, andere entstehen – Religion als historisch-anthropologisches Phänomen bleibt. Die immer wieder zu vernehmende Forderung, sie solle der Vernunft weichen, der sie geradezu diametral entgegenstehe, ist angesichts ihrer Rolle in der Menschheitsgeschichte und auch als Grundlage dieser kritischen Provokanz mindestens merkwürdig. Der Atheismus, der mit seinen bekannten Anwürfen seit der Jahrtausendwende in neuem Gewand und mit neuerlicher Aggressivität agiert, beruft sich vielfach auf die augenscheinliche Widervernünftigkeit von Religion, auf deren Verzichtbarkeit für die menschliche Selbstverwirklichung (Sinn und Glück) sowie auf die Gefahren religiös begründeter Selbstbeschränkung und Vertröstung. Lässt sich vollumfängliches Menschsein ohne Religion denken? Diese schon oft gestellte Frage, deren Antwort offenkundig vom jeweiligen Menschenbild abhängt, provoziert nicht selten die heftigsten Reflexe der Religionskritik und des Atheismus. Haben nicht die zahlreichen Säkularisierungsentwicklungen zu einer je stärkeren „Entfesselung des Religiösen" geführt?[17] Und wogegen kämpft eigentlich, wer gegen Religionen anspricht? Wenn der Feind die Unvernunft ist, die Gefahr des Machtmissbrauchs und der Instrumentalisierung, dann kämpfen viele Seite an Seite mit der aufgeklärten Theologie. Doch sind die Ziele grundverschieden.

Religionen fallen nicht vom Himmel. Sie erzählen nicht nur eine Geschichte, sondern haben eine Geschichte und diese Geschichte ist eine *Welt*geschichte. Wenn auch *das Andere*, der Grund, auf den hin sie ausgreifen, der Grund alles Seienden ist und selbst nicht Welt, so sind die Religionen nicht der Grund selbst, sondern eine Antwort des Menschen auf *das Andere*. Religionen sind Kulturerzeugnisse, die von dem künden, was der Mensch in der Welt

---

[17] Klaus Eder, „Europäische Säkularisierung – ein Sonderweg in die postsäkulare Gesellschaft? Eine theoretische Anmerkung", in: *Berliner Journal für Soziologie* 12,3 (2002), 332.

nicht hinreichend zu begreifen vermag und was also inkommensurabel bleibt. Sie verstehen, heißt den Menschen als Weltenwesen zu erfassen, ihn aus seiner ganzen Bedingtheit und Kontingenz heraus wahr- und in seinen Fragen, Sehnsüchten und Hoffnungen, seinen Zielvorstellungen und Sinnkonstruktionen anzunehmen. Religionen formulieren einen Sinnzusammenhang als Schlüssel zu einem *möglichen* Verständnis von Welt und Mensch, der sich von dem alltäglichen Erleben und Verstehen je nach Erscheinungsform teils wesentlich unterscheidet. Diese andere Dimension erweist sich bei näherer Betrachtung als vielfältig verwandt mit dem Thema Muße.

Die Frage nach dem Menschen und die Frage nach Gott

Das den verschiedenen Religionen gemeinsame Phänomen einer Grunderfahrung und -deutung, die wir Religion nennen, berührt das Thema der Muße besonders dort, wo die allen großen Fragen zugrundeliegende Frage – *Was ist der Mensch?* – aufscheint. Tatsächlich ist das eine Kernfrage jeder Religion, ohne dass damit gesagt sein soll, dass Religionen sich im Menschen erschöpfen. Doch zeigen sie uns den Menschen in einer eigentümlichen Weise, gerade weil sie über ihn hinauszublicken beanspruchen. Sie zeigen ihn, wenn man es einmal so sagen möchte, auch von der anderen Seite. Was dies genauer heißt, wird sich im Weiteren klären. Es wäre wesentlich zu kurz gegriffen, wollte man diese doppelte Struktur der Religionen allein psychologisieren oder (etwa im Sinne Feuerbachs) nur als eine Projektion und Ersetzung ausdeuten, denn damit bliebe der den Religionen eigentümliche Ausgriff vollständig unverstanden. Es ist, als würde man dem, der auf den Horizont zu blicken sich anschickt, einen Spiegel vorhalten und ihn belehren, dass er nun klarer sehe, was er zu erblicken bemüht sei. Mag das Motiv dieses Kniffes verständlich und vor dem Hintergrund der gesellschaftlichen Wirklichkeit nachvollziehbar sein: Gewonnen ist mit dieser Umlenkung wenig. Lassen wir also den Spiegel beiseite, setzen wir beim Menschen an und schauen mit dem Blick der Religion auf den Horizont der Welt, ohne uns sogleich mit der müßigen Frage zu konfrontieren, ob da nun wirklich etwas auszumachen ist.

Der Mensch zeigt sich als ein Raum- und ein Zeitwesen. Der Raum ist das, was ihn trennt von anderen.[18] Er wird eingenommen und nicht mit anderen geteilt. Schon Aristoteles wusste, dass da, wo etwas ist, nicht auch etwas anderes sein kann. Das *Wann* dagegen gehört niemals uns allein. Zeit teilen wir, wir können sie nicht halten, sie nimmt uns ein und mit. Der Zeitbegriff des Alten Testaments ist erfahrungsbezogen und qualitativ, er bezeichnet „Zeit für etwas, gefüllte und gewidmete Zeit"[19]. In unserem kulturellen Kontext, der sich in mancher Hinsicht von natürlichen Einbindungen entfernt hat, ist Zeit zu etwas Wirtschaftlichem geworden, ist Kapital und Investition, kurz: Geld. Zeit gilt heute oft als ökonomische Ressource zur Erlangung von Mehr. Sie selbst ist allerdings, was sie ist und lässt

---

[18] Vgl. Abraham Joshua Heschel, *Der Schabbat. Seine Bedeutung für den heutigen Menschen*, aus dem Engl. übers. v. Ruth Olmesdahl, Berlin 2001, 76 f. Wesentliche Aspekte zu Zeit und Raum entstammen diesem beeindruckenden Bändchen.

[19] Ilse Müllner/Peter Dschulnigg, *Jüdische und christliche Feste. Perspektiven des Alten und Neuen Testaments* (Die Neue Echter-Bibel. Themen 9), Würzburg 2002, 9.

sich nicht mehren. Sie entzieht sich jedem Zugriff und zwingt uns mit unbändiger Macht voran und immer weiter voran. Wo wir nach ihrem tieferen Grund fragen, rühren wir an einen abstrakten Begriff, der kaum recht (be-)greifbar ist. Gerade diese Unbegreifbarkeit der Zeit, die sich, wie auch Augustinus feststellte, erst dem zeigt, der sie ansieht und sich nicht nur in ihr treiben lässt, hat einen Anteil daran, dass sie in früheren Zeiten als göttliche Gewalt personifiziert wurde. Frühe Kulturen, die Grundlage für heute gelebte Religionsentwürfe und -praktiken sind, kannten kaum abstrakte Begriffe. Religiöse Sprache möchte Wirklichkeit nicht definieren, sondern narrativieren. Die dahinterliegenden Erfahrungen und die damit verbundenen Einsichten sind mitteilbar, aber nur begrenzt teilbar. Gerade deshalb ist unerlässlich, dass religiöse Kommunikation an die Erfahrungshorizonte der Hörenden anknüpft und in diesen Erfahrungen aufgeht. Wo dies nicht gelingt, wirkt sie fremd oder sogar absurd.

Aus theologischer Sicht ließe sich kritisch einwenden, dass es in den Religionen nicht so sehr um die Frage nach dem Menschen, sondern vielmehr um die Frage nach Gott gehen müsse. Das schließlich wäre Kern jeder *Theo-logie*. Allerdings lassen sich diese Fragen nicht trennen – und auch die Frage nach Gott ist zuletzt die Frage nach dem menschlichen Begreifen Gottes. Die Theologien haben in vielen Bereichen eine ‚anthropologische Wende' durchlaufen und dazu mit der Frage nach den Möglichkeitsbedingungen die Bedeutung des Menschen als desjenigen, der glaubt oder zumindest prinzipiell glauben kann, herausgestellt. Die Theologie ist die Theologie derjenigen Person, die als Mensch nach ihren Möglichkeiten und mit dem ihr zur Verfügung stehenden Instrumentarium des Begreifens, vor allem also der Vernunft, über Gott spricht. Theologie als nach Wissen suchende Geistesbewegung ist die Angelegenheit des Menschen, der in diesen Fragen nach Erkenntnis und Antwort sucht.

Der Gott, über den die Theologie nachzudenken pflegt, ist nicht ein *deus otiosus*, der „seine ‚Amtsgeschäfte' aufgegeben hat und sich der Muße hingibt, der sozusagen ‚emeritiert' ist"[20] und aus der Vorstellung eines abstrakt-unanschaulichen und kultlos gewordenen Himmelsgottes hervorgegangen ist. Religionswissenschaftlich betrachtet mag die Vorstellung eines höchsten Himmelsgottes einmal der „Kern des gesamten religiösen Lebens"[21] gewesen sein. Über das Grundanliegen der Religion sagt das jedoch kaum etwas aus, weil es eine (zwar fundamentale) Ausdrucksform religiösen Glaubens, nicht aber dessen Movens, seinen inneren Keim trifft. Die ehrfürchtige Hinwendung des Menschen zu dem, was ihn ängstigt, staunen lässt oder erfüllt, ist nicht denkbar ohne den, der sucht.

Muße-Motive in den Religionen?

Über die Nähe der grundlegenden Frage nach dem Menschen, die sich als unmittelbar mit der Frage nach der Muße verbunden zeigen wird, ist ein Blick auf bestimmte Motive verbreiteter religiöser Konzepte interessant, da hier zahlreiche Verbindungen zur Muße nahezuliegen scheinen. Neben dem Sabbat, über den unten ausführlicher zu sprechen sein wird, wäre das Motiv des Gartens, das sich in zahlreichen Erzählungen von Religionen an zentralen Stel-

---

[20] Gerhold Becker, *Die Ursymbole in den Religionen*, Graz/Wien/Köln 1987, 76.
[21] Becker, *Ursymbole in den Religionen*, 76.

len finden lässt, von bemerkenswerter Nähe zur Muße. Der Garten des Paradieses beschreibt vor allem die Ordnung der Welt im Zustand der göttlichen Gestaltung: frei von Mühe und Sorgen, von menschlicher Scham und anderen (selbstbezogenen) Motiven der Sorge. Impliziert wird dabei, dass die gebändigte, nicht die wilde und ungezähmte Natur ein Leben in Ruhe ermögliche und eine Heimat ohne Not und mühevolle Arbeit biete.

Gott schafft und ordnet die Welt und erst in der Ordnung tritt das Leben hervor. Wie der Mensch aus der Erde geformt wird und zunächst einen noch ohne Sorgen und Mühe scheinenden Auftrag Gottes erhält, setzt der Garten, der geordnete und gezähmte Natur ist, diesem Leben einen sicheren und sorgenfreien Rahmen, der alles Lebensnotwendige schenkt und das Leben leicht sein lässt. Ordnung ist das Ergebnis der getanen Arbeit und eröffnet Raum für Muße, in der der Mensch frei gedeihen und sich ohne jede Not entfalten kann. Der Garten ist der prototypische Muße-Ort, der vollkommene Heimat und Ruhe bietet. Die kultivierte Natur bereitet der Kultur das Feld.

Allerdings ist der Garten gerade dadurch das, was er ist, weil er begrenzt ist:[22] Umhegt und abgetrennt eröffnet er einen idealtypischen Raum der denkbar größten Freiheit und Sorglosigkeit. Doch in der Mitte dieser Freiheit wächst und reift, was diese Ordnung gefährdet. Der Mensch selbst, der sich nicht in die vollkommene Ordnung, die ohne jede Not ist, fügt, sondern mehr sein möchte, als er ist, wird in der Auflehnung das sorglose Leben in vollkommener Gelassenheit verlieren und aus dieser vollkommenen Ord-

---

[22] Interessant ist dazu die Etymologie von „Paradies", das sich aus dem avestischen „pairi daēza" entwickelte, was „umgrenzter Bereich" bedeutet.

nung – dem Garten, der seine Heimat ist – geworfen werden.

Das Motiv des Gartens, des Paradieses, gehört zu den am weitesten verbreiteten religiösen Motiven überhaupt. Es zeigt eine gewisse Nähe zu den mythologischen Beschreibungen eines *Goldenen Zeitalters*, einer unvordenklichen Vergangenheit, in welcher die Menschen ohne Mühe und Not oder Arbeit in Einklang mit der Natur und ihrer Umwelt lebten, sie sich um Sicherheit, Nahrung und Überleben keine Sorgen zu machen brauchten und der Tod keine Macht hatte. „So wird der ursprüngliche Mensch in all diesen Mythen im Genusse einer Glückseligkeit, Ungebundenheit und Freiheit dargestellt, welche er zu seinem Unglück als Folge des Falles verloren hat [...]."[23] Diese Ursprünglichkeit der unbeschädigten Schöpfungsordnung, in der der Mensch einmal lebte und in der er sich in größtmöglicher Freiheit und Muße bewegte, ist das Urbild des *locus amoenus*.

Religiös betrachtet zielen kontemplative Techniken – Gebet, Meditation, Besinnung, Schriftlesung oder überhaupt Gottesgedenken – auch darauf, diesen Zustand zu vergegenwärtigen, die eigene Gegenwart in die schöpferische Hand zu legen, gelassenes Vertrauen zu fassen und sich der Gegenwart Gottes ruhig anzuvertrauen. Es ließe sich auch sagen: das eigene Leben gleich einem paradiesischen Garten anzulegen und darin zu wandeln im Bewusstsein um die größere Gegenwart Gottes.

Religiöse Ritualisierungen lassen sich als Praktiken einer Zeitaussetzung verstehen. In schamanistischen Religionen ist es oft eine der zentralen Aufgaben des Schama-

---

[23] Eliade, *Mythen, Träume und Mysterien*, 89.

nen, „vermittels besonderer Techniken […] den gegenwärtigen Zustand – den des *gefallenen Menschen* – aufzuheben"[24], wozu vor allem auch ekstatische Techniken – darunter die Trance, die religionswissenschaftlich betrachtet von der meist negativ gefassten Besessenheit zu unterscheiden ist – gehören, die äquivalent zu jenen der mystischen Erfahrung sind, die sich als ein „Verlassen der Zeit, […] Heraustreten aus der Geschichte"[25] begreifen lässt. Die Ekstase verwirklicht idealiter neuerlich den Urzustand, der für den Menschen Freiheit, Glück, Ungebundenheit, Spontaneität, Mühelosigkeit und Sorglosigkeit bedeutete, wenn auch nur vorläufig, zeitweise und einzig für die Ekstatikerin oder den Mystiker. Die „Rückkehr zum Ursprung"[26] befriedigt das „Heimweh nach dem Paradies", das ein den meisten Religionen – gleich ob schamanistisch oder christlich-jüdisch – gemeinsames Verlangen nach dem in jenen unvordenklichen Zeiten *(illud tempus)* verlorenen „Zustand der Freiheit und Glückseligkeit"[27] verrät. Der Garten, der Ort der einstigen vollkommenen Muße, ist aber von der Welt aus nicht zu betreten. Unter dem unbezwingbaren Diktat der Zeit und der Geschichte bleiben Ekstatiker wie Mystikerinnen kontemplativ Schauende, die ihn doch nicht zu betreten vermögen. Der Garten, das Paradies, ist der Topos der Sehnsucht der Freiheit des Lebens in Zeit, Geschichte und Raum. Die Grenze zu ihm bleibt für den Menschen in der Geschichte unüberwindbar, der Garten selbst ist geradezu der *Archetyp des Heterotopos*. Man kann „mit Fug und Recht an-

---

[24] Eliade, *Mythen, Träume und Mysterien*, 90.
[25] Eliade, *Mythen, Träume und Mysterien*, 105.
[26] Eliade, *Mythen, Träume und Mysterien*, 97.
[27] Eliade, *Mythen, Träume und Mysterien*, 98.

nehmen, dass die mythische Erinnerung einer Glückseligkeit ohne Geschichte die Menschheit seit dem Augenblick nicht mehr loslässt, da der Mensch zum Bewusstsein seiner Situation im Kosmos erwacht ist."[28] Diese Erinnerung ist aber in der religiösen Logik gleichzeitig Zukunftstopos, Sehnsuchtsort, zu dem hin es den Menschen zieht und der als Verheißung aussteht. Der Ritus verbindet den Menschen mit dieser Hoffnung, indem die zukünftige Hoffnung in der erlebten Gegenwart aufblitzt.

Fest, Geselligkeit und Lachen

Der Zeitenlauf wird in den Religionen strukturiert durch verschiedene Feiern. Das Fest stiftet Gemeinschaft nicht nur in der gemeinsamen (Vor-)Freude und Erwartung, sondern auch in der in Ablauf, Gestalt und Struktur, ja oft selbst Kleidung und Sprache streng durchformulierten, die Grenzen von Zeit und Raum überschreitenden feierlichen Ritualhandlung. Sie verbindet die Gläubigen untereinander, bewirkt eine einzige Gemeinschaft der Gläubigen, die nicht nur zum gleichen Zeitpunkt, sondern auch übergreifend über unterschiedliche Zeiten, Epochen sowie (Kultur-)Räume miteinander in einer immer gleichen Weise und mit reglementiertem, ritualisiertem Ablauf feiern. Diese Ritualisierung mag manchen eng sein; im Allgemeinen aber kann sie Raum für Muße eröffnen, weil sie von der Notwendigkeit der eigenverantwortlichen, äußeren Gestaltung befreit. Die vorgegebene äußere Struktur schenkt dem Inneren Raum, der feste Ablauf gibt Halt und Freiheit zugleich.

---

[28] Eliade, *Mythen, Träume und Mysterien*, 105 f.

Doch sind die Feier und das Fest nicht eigentlich Inbegriffe der weltlichen Unruhe, des Überschwangs und des Exzesses? Stehen sie nicht eigentlich der Muße entgegn? Sprechen, Singen, Tanzen und Lachen – die expressive Körperlichkeit des Festes spricht eine laute Sprache und zieht bzw. hält den Feiernden im Außen der Welt, ließe sich einwenden. Die Ausgelassenheit, der Exzess üblicher Verhaltenheit, mag laut sein und die Welt mit Lachen und Singen füllen, doch gerade dieses Schallen stimmt an gegen die niederdrückende Mühe des Alltags, derer der Mensch sich sonst seltener zu erwehren weiß. Damit zeigen sie sich als eine Form der kollektiven Muße. Das feierliche Ritual schenkt die Möglichkeit zur Ruhe, das unbekümmerte Lachen erlöst von einer Last und lädt ein zu einem Lassen. Lachen ist eine privilegierte Sprache des Glücks – es kann „als schallende Freiheit und Muße seine erlösende Dimension offenbaren"[29]. Der moderne Mensch agiert in so vielen Rollen und Identitäten,[30] dass in dieser Komplexität der Raum für Humor und Lachen oft klein ist. „Nicht nur die Strukturen der Gesellschaft und die Prinzipien der Wirtschaft sind unverständlich geworden, was noch viel schlimmer ist: Der ganze politische Machtapparat übersteigt das normale Begriffsvermögen."[31] Dadurch „vergißt der Mensch das Lachen"[32]. Zusätzlich greift der ‚Geist der Konkurrenz'[33] um sich und instrumentalisiert das Lachen

---

[29] Andreas Kirchner, „Erlösendes Lachen? Eine Annäherung an Humor, Muße und Religion", in: *Theologische Quartalschrift* 202 (2022,1), 79–99, 99; dort mehr zu diesem Zusammenhang.

[30] Anton C. Zijderveld, *Humor und Gesellschaft. Eine Soziologie des Humors und des Lachens*, Graz/Wien/Köln 1976, 207.

[31] Zijderveld, *Humor und Gesellschaft*, 208.

[32] Zijderveld, *Humor und Gesellschaft*, 208.

[33] Vgl. Zijderveld, *Humor und Gesellschaft*, 208.

als Lanze gegen den anderen. Damit geht die verbindende Dimension des Lachens verloren. Schließlich zeigt das Lachen über mich selbst oder den anderen auch die Lächerlichkeit des Menschlichen insgesamt. Andererseits scheint das Lachen eine Antwort auf die Weltschwere. „[D]er Mensch allein lacht: er allein leidet so tief, daß er das Lachen erfinden *mußte*. Das unglückliche und melancholische Thier ist, wie billig, das heiterste."[34] Lachen als heiteres Gegengewicht zum Elend menschlicher Existenz? – Humor ist, wenn man trotzdem lacht. In diesem „trotzdem" zeigt sich ein befreiendes Aufstehen des Menschen.[35]

Früher waren Narren und Possenreißer Außenseiter, die „den Menschen in seiner alltäglichen Selbstverständlichkeit mit einer Welt und einer Wirklichkeit […], die ganz anders"[36] war, konfrontierten. Die einstige Narrenfreiheit im „Spielen mit […] bestehenden und institutionalisierten Sinninhalten in der Gesellschaft"[37] ist dem kommerzialisierten Lachen gewichen, das *canned laughter* nimmt dem Publikum noch die Freiheit, selbst zu lachen. Dabei birgt das Lachen geradezu Erlösung.

Alles in allem findet von den Welten des gutmütigen Humors bis zu den Gegenwelten der Narrheit eine Aussetzung tragischer Wirklichkeit statt. […] *Etsi deus non daretur* [als ob es Gott nicht gäbe], ist jedes Beispiel des Komischen eine Flucht aus der Reali-

---

[34] Friedrich Nietzsche, Werke. Kritische Gesamtausgabe, Bd. VII/3, hg. v. Giorgio Colli/Mazzino Montinari, Berlin/New York 1974, 295 (Nachgelassene Fragmente Juni–Juli 1885, 36[49]).
[35] Vgl. Friedrich Theodor von Vischer, *Ästhetik oder Wissenschaft des Schönen. 1. Theil: Die Metaphysik des Schönen*, Reutlingen/Leipzig 1846, 449–450.
[36] Zijderveld, *Humor und Gesellschaft*, 210.
[37] Zijderveld, *Humor und Gesellschaft*, 23 et passim, auch 211.

tät […]. Die Komödie ist ihrem Wesen nach antifaktisch – die Tragödie enthüllt die unerbittliche Faktizität der menschlichen Existenz. Sobald dies jedoch im Lichte des Glaubens gesehen wird – *etsi deus daretur* –, kehren sich die Zuordnungen von Realität und Illusion um. Die harten Fakten der empirischen Welt werden nun, wenn nicht als Illusion, so doch als eine nur zeitweilige Wirklichkeit gesehen, die schließlich aufgehoben wird. Umgekehrt kann man jetzt die schmerzlose Welt der Komik als eine Andeutung einer Welt jenseits dieser Welt sehen.[38]

So nimmt der Humor ein Erlösungsgeschehen vorweg, er legt das Lächerliche in der Tragödie der Welt offen und bietet tieferen Ernst dar. „Das Komische […] relativiert die ‚dominante Realität'."[39] Humor ist dann der ‚Milchbruder des Glaubens' (Martin Buber).

Damit wird nicht einer vertröstenden Weltflucht das Wort gesprochen, denn auch die als Komödie entlarvte Tragödie ist nicht weniger wirklich, sondern nur weniger endgültig. Sara und Abraham, der Urvater der monotheistischen Religionen, lachten spöttisch, als Gott ihnen

---

[38] Peter L. Berger, *Erlösendes Lachen. Das Komische in der menschlichen Erfahrung*, übers. v. Joachim Kalka, Berlin/New York 1998, 248. Dort weiter: „Empirisch gesehen ist die Komik ein begrenztes und endliches Spiel innerhalb einer ernsten Welt, die gekennzeichnet ist durch unseren Schmerz und unausweichlich zu unserem Tod führt. Der Glaube aber stellt die Empirie in Frage und bestreitet, daß sie wesentlich ernsthaft ist. Darin ist er meta-empirisch. Er stellt uns nicht eine Illusion, aber eine Vision einer Welt vor Augen, die unendlich wirklicher ist als alle Wirklichkeit dieser Welt." Dazu auch die Tradition des Osterlachens; zum *Risus paschalis* vgl. Walter Haug, „Schwarzes Lachen. Überlegungen zum Lachen an der Grenze zwischen dem Komischen und dem Makabren", in: *Semiotik, Rhetorik und Soziologie des Lachens. Vergleichende Studien zum Funktionswandel des Lachens vom Mittelalter zur Gegenwart*, hg. v. Lothar Fietz/Jörg O. Fichte/Hans-Werner Ludwig, Tübingen 1996 (repr. 2011), 49–64, 52 f.
[39] Berger, *Erlösendes Lachen*, 244.

eröffnete, dass sie trotz ihres greisen Alters Eltern werden würden.[40] Die Erfüllung der Verheißung aber veränderte alles, die kontrafaktische Hoffnung wird faktische Wirklichkeit. Der versprochene Sohn heißt Isaak (hebr., ‚lachen') und Sara bemerkt: „Gott ließ mich lachen; jeder, der davon hört, wird mir zulachen."[41] Abraham und Sara bezeugen prototypisch das erlösende Lachen.

Die Geselligkeit bereitet einer Form der Muße den Boden, die nicht von äußerer Ruhe und stiller Gelassenheit abhängt. Das Miteinander eröffnet einen Raum der Begegnung, in dem der Fokus nicht auf der funktional-produktiven Kooperation liegt. Idealiter darf der Mensch hier sein, was und wie er ist. Was aber ist er? Etwa nur ‚Verstellung, Lüge und Scheinheiligkeit, und zwar sowohl vor sich selbst als auch gegenüber anderen', wie Pascal meinte? Die Verstellung, die Maskerade des Karnevals ist keineswegs einfach bloß eine Befreiung vom Selbst als Gelegenheit, nicht man selbst sein zu müssen. Das Fest ist nicht die Einladung zur Uneigentlichkeit, sondern vielmehr die Ermöglichung der Selbstbefreiung. „Der Mensch ist am wenigsten er selbst, wenn er sein Gesicht zeigt. Gib ihm eine Maske, und er wird dir die Wahrheit sagen."[42] Die Maske ist nicht eine Rolle, in die wir uns nur hineinbegeben, indem wir sozusagen aus uns heraustreten. Vielmehr ist sie eine Gelegenheit, zu sein, was wir (auch) sind. Wo wir es als notwendig erachten, alle Masken abzulegen, da wird zuletzt nichts bleiben. Die gesellige Muße ergänzt

---

[40] Vgl. Gen 17,17 und 18,12.
[41] Gen 21,6.
[42] Oscar Wilde, Der Kritiker als Künstler, in: Ders., *Sämtliche Werke*, hg. v. Jonathan S. Lieberman, ins Dt. übertr. v. Brigitte Neuwald-Morton, Essen o.J., 887.

daher die einsame Muße und schenkt uns in der unbekümmerten Ausgelassenheit einer gesteigerten, kanalisierten Emotionalität, der freien Begegnung von Angesicht zu Angesicht andere Früchte und Freuden der freien, mühelosen Zeit.

Mal sind es die Erinnerungen an frohe Augenblicke oder an gemeinsame Erlebnisse, die einander verbinden und über das Erleben hinaus Kraft und Freude schenken. Immer aber ist es eine erlebte Gegenwart, die gegenwärtig bleibt oder wieder gegenwärtig wird, wo die Erinnerung in unser Bewusstsein tritt. Auch die gesellige Muße ist ein Raum der Gegenwart, die Zukunft eröffnet. Sie mag einerseits ihre Aufgabe darin haben, Gesellschaft insgesamt zu regulieren, indem sie ein Ventil gesellschaftlicher Erregung ist und dem sonst Verbotenen einen Rahmen setzt. Wichtiger scheint aber, dass sie eine gemeinsame Gegenwart rahmt. Eine Gesellschaft, die nicht feiert, ist kaum eine Gesellschaft, höchstens eine Maschinerie. Die gesellige Muße, auch wenn sie, wie bei zahlreichen politischen Festen, selbst auf einer Feier früherer Ereignisse beruht und Identität und Stabilität festigt, schafft Gegenwart, die um ihrer selbst willen statthat und nicht als eine Zurückwendung verstanden werden sollte. Die Gesellschaft feiert sich, indem sie ihre Geschichte feiert, selbst. Geschichte wirkt Gegenwart. Das Fest artikuliert eine Verbindung, Kontinuität und Einheit.

Die ritualisierte und sakral begründete Ordnung des Festes mag formal einengen, ist aber religiös gedeutet eine Befreiung: ein Augenblick der Ewigkeit in der Zeit. In ihm tritt Geschichte nicht nur als Heilsgeschichte hervor, die ihrer Erfüllung in der Zukunft aus der Erfahrung in der Geschichte heraus entgegengeht. Die Gegenwart erhält als

Heilsgegenwart in der Verbindung mit der Vergangenheit, auf die sie sich beruft und in der sie sich begründet weiß, und der Zukunft, der sie entgegenzugehen glaubt, eine grundsätzlich andere Bedeutung. Die Gegenwart wird selbst heilig, weil sie sich einfindet in der Geschichte mit dem Heiligen und nichts anderes will als sich selbst.

Anschaulich lässt sich all das am Osterfest beobachten: Durch eine Zeit des bewussten Fastens wächst die gemeinsame Vorfreude auf das höchste Fest, in welchem Tod und Leben zusammenfallen und das weltweit von allen christlichen Kirchen gemeinsam gefeiert wird. Miteinander wissen die Gläubigen sich auf dem gemeinsamen Weg der Hoffnung auf das siegende Leben und die Erlösung aus dem Grab. Die von Gründonnerstag bis Ostersonntag streng ritualisierten Abläufe öffnen und begrenzen zugleich den Raum, der dem Tod gegeben wird. Sie schenken dem Einzelnen Gebets- und Andachtsräume und befreien von den sonst üblichen alltagsweltlichen Sorgen. Die heilsgeschichtliche Einbindung zeigt sich in den Lesungstexten, der ritualisierte Gottesdienst verbindet auch mit den Verstorbenen als ‚Vorausgegangenen' und der Gemeinschaft der Gläubigen über alle Zeiten hinweg.

Die manchmal als ‚archaisch' abgetanen Züge der Religionen haben eine eminente Bedeutung für die Zeittransgression und erlösen aus der Verantwortung für eine individualisierte Gestaltung, die auch eine Gefahr einer beständigen Selbstüberbietung enthielte. Die Ausgelassenheit und Freude, das Osterlachen, ist Ausdruck der Erlösung, derer man sich nun gewiss wähnt und die man im Vorausgriff über die Zeit feiert. Lachen ist schallende Erlösung. Eine nun nicht mehr nur stille Muße, sondern ihre gesellige Schwester bietet Raum für Begegnung und neues (auch gesellschaftliches) Leben, in dem auch die Leiblichkeit des Menschen einen neuen Platz hat. Geschichten werden belebt und erzählt, der Einzelne findet seinen Platz in der Geschichte der Menschen mit Gott. Geschichte wird Gegenwart – auch in den ritualisierten Feierlichkeiten. Nach der selbstbeschränkenden Askese hebt das Leben neu an und mit neu gewonnener Kraft und aus der stärkenden Freude des gemeinsamen ‚Halleluja!' finden die christlichen Gläubigen zusammen und erwarten das neue Leben. Was sie in der Beschränkung des Fastens ahnten, das wird im Lachen besiegelt.

Sinn der Arbeit und Sabbat

Im wohl vor 1650 v. Chr. entstandenen und in Mesopotamien verbreiteten akkadischen Mythos von *Atrahasis*[1], der über 1000 Jahre lebendig gehalten wurde, findet sich eine bemerkenswerte Erzählung zur Erschaffung des Menschen. Zu Beginn des Mythos sind die in der Hierarchie niedriger stehenden Götter zu all der mühsamen und niemals endenden Arbeit gezwungen, die für Anbau und Beschaffung von Nahrung, Infrastruktur usw. notwendig ist. Nachdem die Götter diese Mühsal 3600 Jahre ausgehalten haben, sind sie ihrer überdrüssig, erheben ihre Arbeitsgeräte als Waffen und begehren gegen die höheren Götter und besonders gegen Ellil, den ‚König von Himmel und Erde, König der Länder, Vater der Götter', auf. Dieser nimmt sich des Unmuts an und beschließt, dass der Weisheitsgott Enki und Belet-ili, die Mutter der Götter und „Mutterschoß-Göttin, Sterbliche schaffen soll[en], die an Stelle der Götter alle mühseligen Arbeiten zu verrichten haben. Die Göttin erschafft sieben Männer und sieben Frauen"[2]: ‚Lass die Menschheit die Last der Arbeit tragen!', heißt es wiederholt im Mythos, worauf Belet-ili antwortet:

---

[1] Siehe dazu exemplarisch Henrietta McCall, *Mesopotamische Mythen* (Mythen alter Kulturen 1), aus dem Engl. übers. v. Michael Müller, Stuttgart 1993, 92–95.
[2] McCall, *Mesopotamische Mythen*, 93.

‚Ich habe die Last der Arbeit den Menschen aufgeladen. Ihr habt nach den Menschen geschrien und ich habe eure Fesseln gelockert und euch die Freiheit geschenkt.' Der Ruf nach den Menschen ist die Forderung nach den Knechten, die anstelle der Götter die Last der Notwendigkeit und des Zwanges übernehmen. Selbst die unsterblichen und mächtigen Götter erlangen ihre Freiheit erst mit der Befreiung von der Mühsal der Arbeit, die nun den Menschen auferlegt wird. Als Arbeiter müssen sie den Göttern dienen und all die lästigen Verrichtungen übernehmen, derer sich die Götter nun endlich freudig entledigen können. Doch will dieser für die Götter so angenehme Lösungsversuch nicht so recht gelingen. Unerwartet vermehren sich die Menschen beträchtlich. „Das Land wurde zu weitläufig, zu zahlreich das Volk. Das Land lärmte wie ein schnaubender Stier." Der Gott findet darum selbst keine Ruhe mehr. „Ellil musste ihr Lärmen anhören. […] ‚Das Lärmen der Menschheit ist zu groß geworden, ich verliere Schlaf über ihrem Getöse.'" Durch den Menschen um die Ruhe und den Schlaf gebracht, schickt Ellil Plagen und Krankheiten zur Dezimierung und Vernichtung der Menschheit. Zuletzt wird – wir kennen das aus der Noah-Erzählung – eine große Flut herabgesandt. Das Überleben der Menschen wird dabei durch Atrahasis, der von (seinem Vater?)[3] Enki im Bootsbau unterrichtet wurde, sichergestellt. Enki überzeugt anschließend die Götter davon, dass sie die Menschen brauchen, so dass die Götter fortan zwar durch verschiedene Bürden die Vermehrung der Menschen eindämmen, sie aber nicht ausrotten.

---

[3] Vgl. Peeter Espak, *The God Enki in Sumerian Royal Ideology and Mythology* (Dissertationes Theologiae Universitatis Tartuensis 19), Tartu 2010, 200.

„Als die Götter Menschen waren …"

Die Motive des hier kurz umrissenen Mythos scheinen für uns in vielerlei Hinsicht merkwürdig und interessant. Einerseits zeigt sich, wie zentral von Beginn an die Frage nach der Bestimmung des Menschen in den Religionen ist, was also als anthropologischer Kernaspekt begriffen wird und worin sich dieser abbildet. Hier ist es der Fluch der Arbeit. Der Mensch ist der zur Arbeit Geschaffene und diese Arbeit dient nicht (allein) dem Menschen selbst, sondern begründet sich aus einem vorgeblich höheren Zusammenhang. Dass die Arbeit und die Mühsal notwendige Wesensmerkmale des Menschen sind, zeigt sich schon in der eröffnenden Beschreibung (1. Vers) des Mythos: ‚Als die Götter Menschen waren', heißt es da merkwürdig. Das Menschliche des Menschen ist nicht die Sterblichkeit. Die naheliegende und vor allem später in der griechischen Tradition wichtige Gegenüberstellung zwischen den sterblichen Menschen und den unsterblichen Göttern wäre auch hier eine auf der Hand liegende Unterscheidung, denn (auch diese niederen) Götter sind zunächst unsterblich. Doch findet dieses Kriterium keine Erwähnung. Stattdessen geht es um die Last der Arbeit und die Not der Mühe, die, ‚als die Götter Menschen waren', von ihnen ausgehalten werden mussten.

Die Erschaffung des Menschen ist nichts anderes als die Herstellung eines Werkzeugs, eines Knechtes. Der Grund, warum die Menschen vor der Ausrottung bewahrt werden, ist die Abhängigkeit der Götter von ihnen. Wollen sie nicht selbst wieder die Last der Arbeit tragen, müssen sie mit dem verträglicheren Übel, dem Menschen, notgedrungen auskommen. Hier zeigt sich die Dialektik von Herrschaft und Knechtschaft anschaulich: Die Menschen existieren zwar aus dem Willensentschluss eines Höheren heraus, doch das Höhere bleibt selbst in seiner Freiheit abhängig von ihnen. So sieht sich der Mensch als Dienender Mühsal, Leid und existentieller Not ausgesetzt, die ihn niedrig halten und die Ausbreitung beschränken sollen. Die Mühsal wird ihnen aufgetragen, verantwortet durch jene, die sich den Menschen als gefällige Arbeitskraft erschaffen haben und nun mit verschiedenen Mitteln der Kontrolle dafür Sorge tragen, dass er ihnen erhalten bleibt, ohne sich allzu frei entfalten und verbreiten zu können.

Bemerkenswert an diesem Mythos von der Erschaffung der Menschen ist auch, dass er ganz ohne einen idealen Erstzustand vor einem Fall auskommt. Die Mühsal, die der Mensch zu ertragen hat, ist keine Strafe für ein schuldhaftes Handeln, sondern überhaupt der Zweck seiner Existenz. Da war kein Paradies, kein Fall des eigentlich zur paradiesischen Muße geschaffenen Menschen. Sein erster und einziger Zweck ist Arbeit. Die Muße ist das Privileg der Götter.

Die Trostlosigkeit der existentiellen Erfahrung hinter diesem Menschenbild scheint bedrückend. Gerade hier zeigt sich, wie sehr die Muße der einen von der Mühsal der anderen abzuhängen scheint, dass Notwendigkeit und Last der Muße den Grund zu bereiten scheinen. Die Plagerei und die Plagen der Niederen, der Menschen, folgen dem Plan der Höheren, der Götter, zur Wahrung des Privilegs der Muße. Was könnte der Mensch dagegen schon ausrichten, wie könnte er sich aus diesem Joch jemals befreien? Die Hörenden des lange lebendig gehaltenen Mythos mögen sich fatalistisch dem Müssen alltäglicher Notwendigkeit ergeben haben, jetzt, da sie wussten, dass sie einzig das

Werkzeug eines höheren Willens waren, der sie allein zur Arbeit geschaffen hatte. Die Drohung der Strafe im Falle der Rebellion war ja bereits vor Augen gestellt. Mehr noch: Wollte sich der Mensch erheben und sich aus dem erzwungenen Zustand der notwendigen Arbeit befreien, wäre das die Hybris gegen das eigene Menschsein. Der Mensch ohne den Zwang wäre kein Mensch mehr, wie auch die niederen Götter nach ihrem Aufbegehren und der Befreiung von der Arbeit nicht mehr Menschen waren. Nicht zu arbeiten ist Hybris. Dass eine bestimmte religiös-politische Klasse von dieser Erzählung profitierte, ist naheliegend.

Allerdings scheint die Angelegenheit nicht ganz so einfach. Der Mythos mag einerseits eine den Status quo begründende und stabilisierende Funktion haben, doch zuerst ist er die menschengemachte Erzählung, die einer Erfahrung folgt und ihr Sinn verleiht. Die Erfahrung liegt *vor* dem Mythos und trägt zu dessen Ausformulierung bei. Welche menschliche Erfahrung also liegt dem Narrativ der göttlich gebotenen Arbeit zugrunde? Eine naheliegende Antwort wäre die Unvermeidlichkeit von alltäglicher Mühsal und Anstrengung, aber auch die hierarchische Gesellschaftsorganisation, welche die Pflicht der Sorge um nicht immer ganz zu durchdringende Angelegenheiten der Gesellschaft, die dann als Angelegenheiten nicht immer sichtbarer Anderer (im Mythos werden u.a. Arbeiten an der städtischen Infrastruktur genannt) wahrgenommen werden können. Solches Tun kann in besonderer Weise als Fremdbestimmung und Zwang empfunden werden.

Neben der schicksalsergebenen Bestimmung des Menschen zur Arbeit spiegelt der Mythos die Einsicht und das Wissen um die Unverfügbarkeit des eigenen Anfangs, Wegs und Endes. Der Mensch erfährt sich in seinem Leben immer wieder als machtlos. Der Mythos bildet eine Sinnstruktur für diese Erfahrung der eigenen Ohnmacht, die Frage nach dem Lebenssinn, dem Warum, die mit Verweis auf das höhere Gut, die Götter, um deren Freiheit willen der Mensch geschaffen ist, beantwortet wird. Wie auch schon im mesopotamischen Schöpfungsepos wird der Mensch geschaffen, „damit er für die Götter die Arbeit tue und die Götter sich der Muße hingeben können"[4]. Mancher mag sich hier in seiner Überzeugung bestätigt sehen, dass sich schon von Beginn an zeigen ließe, dass die Religionen Instrument der Unterdrückung des Menschen seien. Das Beschriebene lässt sich allerdings auch als Artikulation der uralten menschlichen Erfahrung der Notwendigkeit, Arbeit, Mühe und Last sehen – und eben als Versuch, dieser Sisyphos-Erfahrung Sinn zu verleihen.

Ist es eine wesentliche Aufgabe der Religionen, den Status des Menschseins in der Notwendigkeit der Arbeit und der Mühe zu bestätigen und die Arbeit und Not sinnerfüllend zu (v)erklären, um so auch die bestehende gesellschaftliche Ordnung zu festigen? Sind Religionen Werkzeuge einer herrschenden Elite, die im Schein des Göttlichen strahlen darf, während sie die „Niederen" ausbeutet? Aus der Sicht des Mythos ist allerdings auch das ein Kern der Einsicht: Nicht nur der Mensch ist abhängig vom Gutdünken höherer Mächte; das Göttliche ist ebenso auf das Werk der Menschen angewiesen. Die Arbeit ist eine Last, die dem Menschen aufgebürdet wurde, damit auf der anderen Seite Freiheit möglich wird und Fesseln fallen. Mit der Notwendigkeit fremdbestimmter Arbeit steht und fällt die eigene Freiheit und Muße. Die Dialektik von Herr und

---

[4] McCall, *Mesopotamische Mythen*, 107.

Knecht offenbart sich im mythischen Gewand. Doch für den Menschen bleibt nach dem Mythos kein Grund zur Hoffnung.

Sabbat

Hinsichtlich der Frage nach dem Menschen ließe sich auch durch andere mythische Narrationen der Eindruck gewinnen, dass er vor allem der sei, der arbeiten muss, gezwungen von einer höheren Macht. Umso bemerkenswerter ist ein anderes, weithin solitäres religionsgeschichtliches Phänomen: die Entwicklung des jüdischen Sabbatgedankens, der zu einem grundlegenden Gebot der fest umrahmten Freihaltung von der Arbeit und der Mühsal wurde und in den monotheistischen Religionen in jeweils eigener Gestalt Ausdruck fand. Der Gedanke prägte und prägt viele Kulturen in einzigartiger Weise bis in die Gegenwart. Heute wie damals ist er das wohl wesentlichste Element der *Notwendigkeit gegen die Notwendigkeit* und der Zeitregulation – vor allem in Hinsicht auf die Wochen- und Jahresordnung, auf Feier- und Festgestaltung sowie Arbeitszeitrahmen. Der Sabbat und die aus ihm heraus entwickelte Zeitordnung regelt Gesellschaft und Kultur, gibt Takt und Rhythmus.

Der Streit darüber, was es mit diesem Tag auf sich hat, was erlaubt ist und was nicht, wozu er dient etc., ist so alt wie der Tag selbst. Bekannt ist das neutestamentliche Beispiel der Auseinandersetzung zwischen Jesus und den Pharisäern (Mk 2,23–28):

An einem Sabbat ging er durch die Kornfelder und unterwegs rissen seine Jünger Ähren ab. Da sagten die Pharisäer zu ihm: Sieh dir an, was sie tun! Das ist doch am Sabbat nicht erlaubt. Er antwortete: Habt ihr nie gelesen, was David getan hat, als er und seine Begleiter hungrig waren und nichts zu essen hatten, wie er zur Zeit des Hohepriesters Abjatar in das Haus Gottes ging und die Schaubrote aß, die außer den Priestern niemand essen darf, und auch seinen Begleitern davon gab? Und Jesus sagte zu ihnen: Der Sabbat wurde für den Menschen gemacht, nicht der Mensch für den Sabbat. Deshalb ist der Menschensohn Herr auch über den Sabbat.

Auch heute noch wäre das Handeln der Jünger (wie insgesamt die sogenannten 39 Melachot, d.h. 39 Arten der Arbeit) vor allem aus Sicht der orthodoxen jüdischen Theologie verboten. Der Sabbat, der zunächst als das gebotene Nicht-Tun gelten kann,[5] ist allerdings aus der jesuanischen Sicht weniger Verbot als vielmehr Aufwertung der Freiheit, die sich von der Notwendigkeit des Müssens frei macht, dem Können hingegen Raum lässt. Die jesuanische Antwort, die den Menschen als Finalursache des Sabbats herausstellt, wendet sich gerade gegen den Zwang, dem sich der Mensch zu fügen hat. Das ist gleichwohl nicht radikal gemeint, sondern hängt hier an den grundlegenden Bedürfnissen des Menschen, in diesem Fall: dem Hunger. Einfach formuliert ist es nach dieser Deutung der Zweck des Sabbats, dass es dem Menschen gut gehe und er nicht müßig leide.

Nach der starren, pharisäischen Prinzipienlogik scheint der Sabbat in der institutionellen, historischen Vereinnahmung zu einem Konzept der Unfreiheit avanciert. Das Lassen wurde zu einem Lassen-Müssen, das Nicht-Sollen zu

---

[5] Zur konzeptionellen Auseinandersetzung mit dem Sabbat vor dem Hintergrund von Fragen der Muße, vgl. Jochen Gimmel, „Vom Fluch der Arbeit und vom Segen des Sabbats. Überlegungen zu einer alternativen Traditionslinie der Muße", in: *Muße und Gesellschaft* (Otium 5), hg. v. Gregor Dobler/Peter Philipp Riedl, Tübingen 2017, 335–377.

einem Nicht-Dürfen. Was einmal die Not des Menschen wenden sollte, durfte nun nur noch als notwendige Pflicht verstanden werden. Der Zwang der Negation setzte die Norm, deren Übertretung streng geahndet werden musste. Dabei wird die Pflicht des Nichthandelns zu einer leistungsorientierten Unproduktivität, die sich also wieder in produktivitätszentrierte gesellschaftliche Muster fügt: Die Unproduktivität erhält einen streng definierten Raum, sie wird gerahmt und hat dann aber das weitere Feld zu räumen. Lassen ist gut, aber nur am Sabbat bzw. am Sonntag.

Die institutionalisierten Formen des Lassens, des Abstands zur Welt, sind keineswegs Flucht. Wo sie so gedeutet wurden, widersprach die Stimme Gottes selbst und forderte Besinnung: „Seid ihr herausgekommen, um Meine Welt zu vernichten? Geht wieder in eure Höhle!"[6] Der Sabbat leugnet nicht die Größe und Bedeutung der Welt, er will auch nicht relativieren. Er ist nicht institutionalisierte Gleichgültigkeit, sondern stellt die Schöpfung vor Gott, weiß sie in der Hand, aus der er sie empfangen und geschaffen glaubt. Dem Menschen schenkt der Sabbat die Welt, wie sie als Gottes Werk ist, bietet sie dem Auge dar, das schauen und erleben darf, ohne schon gleich in ihr nach dem Zweck für die Hand zu suchen.

Die Glaubenden handeln am Sabbat wie Gott selbst, der am siebten Tag ruhte und darin die Schöpfung krönte. Die Einzeldinge der Schöpfung wurden erst mit dem Sabbat

---

[6] Das war die Aufforderung Gottes an Rabbi Schimeon und dessen Sohn Rabbi Eleasar als diese nach 12 Jahren Weltflucht das Tagwerk der arbeitenden Menschen (deren angebliche Hingabe an zeitliche Dinge) sahen und als Preisgabe des ewigen Lebens beschimpften. Zit. n. Heschel, *Der Schabbat*, 31.

vollendet. Das heiligende Lassen beschließt das Geschaffene als die eine Schöpfung. Die kleinen Zwecke der Arbeit vollenden sich im großen Zweck der Schöpfung, des Lebens. Kann der Mensch Gott im Schaffen nicht gleichkommen, so kann er es im aktiven Lassen immer mehr erstreben.

Mit dem Sabbat ist beides, Handeln und Nichthandeln, jeder menschliche Ausdruck also auf Gott gerichtet. Die zweipolige Gegenüberstellung von notwendiger Arbeit und freier Muße, von Schaffen und Vollendung entpuppt sich recht eigentlich als Einheit. Allerdings:

Arbeiten heißt Zwecke verfolgen. Die Welt der Arbeit ist die Welt des Funktionalismus. Der Tag des Herrn aber ist der Tag der großen Aussparung. Er ist herausgesprengt aus dem Kontinuum der Zeit und dem Kontinuum der Zwecke. All dies gilt auch für den Sonntag, der den Sabbat des Alten Testaments beerbt, und durchaus auch für den Freitag des Islam.[7]

Gegen diese Vereinnahmung im Kontinuum der Zwecke steht der Sabbat als „Zeitzeichen Gottes"[8] und hält eine *andere Zeitlichkeit* im Bewusstsein. Der Rabbiner und Theologe Abraham Heschel, der die Bedeutung des Sabbats für den Menschen der Gegenwart in einer beachtenswerten Tiefe betrachtete, schreibt:

In der Bibel [...] ist Arbeit ein Mittel zum Zweck, und der Sabbat als der Ruhetag, als Tag, an dem man keine Arbeit tut, dient nicht dem Zweck, verlorene Kraft wiederzugewinnen und sich für kommende Arbeit zu rüsten. Der Sabbat ist ein Tag für das Leben. Der Mensch ist kein Lasttier, und der Sabbat dient nicht

---

[7] Leo J. O'Donovan, „TEMPI – Bildung im Zeitalter der Beschleunigung", in: *Engagement. Zeitschrift für Erziehung und Schule* (2001) 1, 37–48, 43.
[8] O'Donovan, „TEMPI", 44.

dem Zweck, seine Arbeit erfolgreicher zu machen. Als ‚letzter der Schöpfung, aber erster dem Plan nach' ist der Sabbat ‚das Ziel der Erschaffung von Himmel und Erde.' – Der Sabbat […] ist kein Intermezzo, sondern Höhepunkt des Lebens. – Drei Taten Gottes kennzeichnen den siebten Tag: Er ruhte, Er segnete und Er heiligte den siebten Tag (Gen 2,2f). Zum Verbot der Arbeit kommt daher der Segen der Freude und der Akzent der Heiligkeit. Nicht nur die Hände des Menschen feiern den Tag, auch Zunge und Seele halten Sabbat.[9]

Diese Beschreibung ist für den, der mit dem Blick der Muße schaut, bemerkenswert. Die Nähe zum Konzept der Muße, die, wie der Sabbat, eine protologische wie auch teleologische Bedeutung hat, also Quelle und Zielpunkt zugleich ist, Umschlagpunkt des Neuen, Anderen, zeigt sich besonders in der expliziten Freiheit von uneigentlichen Zwecken. Wie der Sabbat ist die Muße Kulminationspunkt des menschlichen Denkens, Handelns und Wirkens, Kulminationspunkt des Lebens selbst. Und wie bei Aristoteles in der *theoria* der Muße der Mensch nahezu in einem Augenblick „verunsterblicht" wurde, weil er Anteil erhielt am Göttlichen, so gilt hier der Sabbat selbst als ‚Heiligtum in der Zeit'. Das aber nicht in einem irgendwie vagen Sinne. In der Schrift ist es überhaupt das erste Mal, dass der Begriff der Heiligkeit (*qadosh*) Anwendung findet. Damit ist es keine räumlich-dingliche Größe, die als heilig gilt. Der Sabbat entwirft vielmehr die Vorstellung der „*Heiligkeit der Zeit*"[10]. Er unterscheidet sich dazu auch von den anderen Festen, die sich doch an Dinglichem, wie etwa dem Mond und insgesamt dem Kreislauf der Natur, orientieren und Zeit ordnen und gestalten, sie aber nicht

---

[9] Heschel, *Der Schabbat*, 13.
[10] Heschel, *Der Schabbat*, 8. Hervorhebung im Original.

als Zeit in den größeren Blick nehmen. Er selbst vollendet die ganze Schöpfung, wie er das Schöpfungswerk und die Schöpfungszeit krönt.

Die Bedeutung des Sabbat ist, die Zeit zu feiern und nicht den Raum. Sechs Tage der Woche leben wir unter der Tyrannei der Dinge des Raumes; am Sabbat [...] sind wir aufgerufen, Anteil zu nehmen an dem, was ewig ist in der Zeit, uns vom Geschaffenen dem Geheimnis der Schöpfung selbst zuzuwenden, von der Welt der Schöpfung zur Schöpfung der Welt.[11]

Wieder gilt aber, dass Zeit hier nicht so sehr als Gegenspielerin von Raum auftritt, sondern ihn vervollständigt. Der Sabbat gibt der Zeit den Raum, den Mühe und Arbeit ihr rauben. Im Sabbat hat das Zeit, wofür wir im Kalender sonst zuallermeist weder Zeit noch Raum haben. Dieser *Zeit-Raum* erfordert einen Abstand von den Ansprüchen und Dingen, die uns in unserem Alltag beherrschen.

Kann dieser Abstand dann als eine Weise der Askese gelten? Auf den ersten Blick mag der Sabbat als ein Tag der Entsagung und des Verzichts erscheinen – auf den zweiten Blick zeigt sich allerdings, dass dieser Tag „ein Tag der Freude"[12] ist, nicht aber Askese im einfachen Wortsinn.[13] So also ist ‚Gottes einzige Tochter'[14], wie der Sabbat in der jüdischen Tradition auch genannt wird, für sich selbst Zweck, ist „ohne Produktivität"[15], für die Welt und den Menschen da, nicht Weltflucht[16]. Es wäre auch ein Missverständnis, ihn bloß als Zeit des Geistes zu begreifen, schließ-

---

[11] Heschel, *Der Schabbat*, 9–10.
[12] Heschel, *Der Schabbat*, 27.
[13] Vgl. Heschel, *Der Schabbat*, 17.
[14] Vgl. Heschel, *Der Schabbat*, 17.
[15] Heschel, *Der Schabbat*, 18.
[16] Vgl. Heschel, *Der Schabbat*, 24; 67.

lich geht es vielmehr um die Verbindung von Körper und Geist[17] und um die denkbar größte Freiheit[18], nicht jedenfalls um Zwang und Verbot. Die Positivität des Sabbats, der für Heschel als „Geist in Gestalt der Zeit"[19] zu verstehen ist, erfordert es, ihn als *etwas* und nicht die *Abwesenheit von etwas*, vorzustellen: Sabbat ist positive Freiheit (Freiheit zu), die eine Erfüllung in sich darstellt – er ist die Tätigkeit der Untätigkeit und die aktive Vollendung der Schöpfung in der Feier des vollendeten Schaffens. Die aktive Rede in der Genesis, die davon spricht, dass Gott an diesem Tag sein Werk beendete, zeigt, dass Ruhe, Gelassenheit, Lassen, Heiterkeit und Frieden das Schöpfungswerk des 7. Tages sind – und diese Aspekte sind zugleich mit Glück und Stille sowie Harmonie verbunden.[20]

Ganz ähnlich wie die in der griechischen und lateinischen Tradition bekannten Bezeichnungen der Muße ist auch das hebräische *menucha* nicht Negation, also Beschreibung der Abwesenheit von Arbeit und Mühe, sondern vielmehr der bestimmende Grund als Position und überhaupt das „Wesen eines guten Lebens"[21]. Das Leben, das nur das Arbeiten und die Produktivität kennt, das also nach jedem Werk zu neuem Werk eilt, ist trostlos, verloren und immerzu unfertig. Mühe oder Muße – wenn die Arbeit in vielen Sprachen wörtlich als Nicht-Muße (*neg-otium*, *a-scholia* etc.) begriffen wird, zeigt sich darin eine logische Ordnung, die unserer Zeit, die noch die Muße in den

---

[17] Vgl. Heschel, *Der Schabbat*, 60.
[18] Vgl. Heschel, *Der Schabbat*, 70.
[19] Heschel, *Der Schabbat*, 61 et passim.
[20] Vgl. Gen rabba 10,9 sowie Dtn 12,9 etc. Zit. nach Heschel, *Der Schabbat*, 21.
[21] Heschel, *Der Schabbat*, 22.

Dienst des Leistungsethos stellt, fremd scheint. Leistung und Produktivität, Wohlstand und Erfolg gelten vielen als Fundament der Muße, die ihnen dann auch wieder dienstbar sein soll. Muße als Funktion eines übergeordneten, eigentlichen Leistungsziels stellt aber die native Ordnung auf den Kopf und provoziert aus der kritischen Perspektive die Frage nach den Grenzen und dem Warum von Leistung, die aber heute oft nicht mehr verstanden wird. Tatsächlich scheint das Produktivitätsdiktat weithin selbstverständlich geworden und das Arbeitsethos tief internalisiert, so dass sich das Anhalten und Lassen unter Rechtfertigungsdruck gestellt sehen, weil sie nur mehr als Unterbrechung sinnhaften Handelns, nicht aber als sinnhaftes Handeln selbst gelesen werden.

Es ist nicht ohne Ironie der Geschichte, dass gerade ‚die Gesellschaft‘ und vor allem die ‚Nützlichkeit‘ als selbstverständliche Argumente gegen die vermeintliche Faulheit und Ruhe ins Feld geführt werden. Schließlich waren diese in bestimmten früheren Gesellschaften, auf denen unsere heutige aufruht, – vor allem in der griechischen Antike – der Muße der Vielen als dem höchsten Ziel aller gesellschaftlichen Einrichtung verpflichtet und dementsprechend nachgeordnet. Das Diktat des Fortschritts hat den Menschen zum Werkzeug seiner Erfüllung instrumentalisiert und ihn damit, besonders aus der Perspektive vieler früherer Philosophien und Theologien, einer wesentlichen Dimension seines Menschseins beraubt.

„Der Mensch ist nicht für den Sabbat da …", sagt der Jude Jesus im Neuen Testament. Wofür also ist der Mensch da? Das Sabbatgebot zählte auch damals zu den wichtigsten der an Gesetzen nicht eben armen jüdischen Religion. Die Negation der Ablehnung einer Unterordnung des Menschen unter eine strenge Pflicht des Sabbats als eines Nicht-Dürfens – der Sabbat gilt im pharisäischen Verständnis als Telos des Menschen selbst – ist eine Ablehnung des Zwangs der Notwendigkeit selbst. Der Mensch muss so vieles, aber das Lassen am Sabbat soll ihn frei machen von der Notwendigkeit der unzähligen Zwänge. Wenn der Mensch also nicht für den Sabbat da ist, dann deshalb, weil er an ihm einfach nur als Geschöpf Gottes da sein darf, ja soll. Am Sabbat darf der Mensch sein – und weil es in der Logik der religiösen Ordnung die höchste Form des Daseins ist, Gott nahe zu sein, seiner zu gedenken und sich aus ihm heraus zu begreifen, ist das Gottesgedenken, die bloße Anwesenheit des Menschen vor Gott, wesentlicher Aspekt der Sabbattheologie. Der Mensch tut im Sabbat, was Gott tat: *Er ist da.* Die schauende Gegenwart ist so wesentlich, dass das Dasein – „Ich bin der, der da ist" (Ex 3,14) – zum Namen des Namenlosen wird.[22]

„… sondern der Sabbat für den Menschen" – die vereinnahmende Forderung des Menschen greift ins Leere, der Mensch darf Telos sein, sich selbst genügen und sich nun, wo er sich doch sonst so schnell im Vielen verliert, im Einen finden. „Die Weisen der Muße sind nicht um der Erholung, sondern um der Heimholung willen dem Menschen dargeboten, darum, daß der Mensch heimgeholt wird in die Heimat des Geheimnishaften."[23] So ist auch und gerade der Sabbat Fluchtpunkt des Menschlichen im Menschen und wie die Muße „Ferment jedes menschlichen

---

[22] Vgl. dazu Eckhard Nordhofen, „Sabbatical", in: *Arbeit 5.0 oder Warum ohne Muße alles nichts ist*, hg. v. Martin W. Ramb/Holger Zaborowski, Göttingen 2018, 41–53, 44 f.
[23] Fritz Leist, *Wäre ich ein Mensch … Sammlung und Zerstreuung, Muße und Kult*, Nürnberg 1956, 17.

und menschenwürdigen Seins"[24]. Das Lassen ist die ursprüngliche Aktivität, die allem sonstigen Tun voran- und nachgeht. Alles Handeln will sein Werk. Der Sabbat ist sein Werk. Der Sabbat als „Institution" Gottes steht über der menschlichen Ordnung, doch findet er, jesuanisch verstanden, seinen Zweck und seine Erfüllung im Heil des Menschen. Gott selbst bedarf des Sabbats nicht, aber der Mensch verliert sich selbst in der Welt, wo er sich nicht an das hält, was ihn vom Beginn der Schöpfung an bei Gott hält. So blitzt in der jesuanischen Antwort, dass der Sabbat für den Menschen da sei, eine Kritik an der leerlaufenden pharisäischen Gesetzestreue auf, die das Gesetz als restriktive Gängelung begreift und mit laut geäußerter Sorge auf die vermeintlichen Verstöße der Anderen zeigt, zu deren Nachteil das Gesetz ausgelegt wird.

Der Sabbat erfuhr in der weiteren religionsgeschichtlichen Entwicklung unterschiedliche Pointierungen. Das Konzept eines kontemplativ gelagerten Tages war und ist vor allem in den monotheistischen Religionen erfolgreich, doch selbst in religionsfeindlichen Gesellschaftsformen wie dem Sozialismus zeigt sich, wie sehr der hier als arbeitsfreie Zeit säkularisierte und nicht notwendig starr an einen bestimmten Wochentag gebundene Tag einem menschlichen Grundbedürfnis entsprach.[25] Als „Tag des Herrn"

---

[24] Hans Brühweiler, *Wider die Leistungsschule. Eine Untersuchung zum ursprünglich pädagogischen Begriff der Musse (scholé)*, Zürich/Einsiedeln/Köln 1971, 73.

[25] Vgl. Monika Gibas, „‚Vorwärts zum Aufbau des Sozialismus' – Sonntag zwischen Plan und Realität", in: *Am siebten Tag darfst/kannst/sollst/musst du. Geschichte des Sonntags*. Begleitbuch zur Ausstellung im Haus der Geschichte der Bundesrepublik Deutschland, Bonn, 25. Oktober 2002 bis 21. April 2003 und im Zeitgeschichtlichen Forum Leipzig, 17. Juni 2003 bis 12. Oktober 2003, Sankt Augustin 2002, hg. v. Stiftung

wird der Sonntag im christlichen Kontext mit dem Fest der Auferstehung verbunden und also mit dem Erlösungs- und Erfüllungsgeschehen innerlich zusammengebracht. Das neue Leben, das unter den Bedingungen der Welt und der Zeit anbricht, und doch unendlich über sie hinausgreift, verdichtet noch einmal die Bedeutung dieses Tages als Anfang und Ende.

In der islamischen Religion stellt die Offenbarung den Freitag heraus und kontrastiert ihn mit den anderen Tagen durch die an ihn geknüpfte Forderung des Unterlassens von Geschäftigkeit, die hier gleichwohl weniger rigoros ausfällt. Das geforderte Gottesgedenken erhält einen festen, aber engeren Rahmen und es schließt sich sogleich die Forderung nach der Produktivität an.[26] Allerdings haben der regelmäßige Rückzug von der Arbeit und das Zusammenfinden vor Gott im Islam eine große Bedeutung. Die Moschee als ‚Ort der Versammlung' bietet allen Gläubigen zu jeder Zeit, vor allem aber zu den besonderen Zeiten des Pflichtgebets und der Feste einen gemeinsamen gerichteten Raum. Das (vor allem) gemeinschaftliche Gebet, aber auch das freie Gespräch und die Begegnung haben hier Platz.

Haus der Geschichte der Bundesrepublik Deutschland, Bonn/Sankt Augustin 2002, 78–85.

[26] „Ihr Gläubigen! Wenn am Freitag (w. am Tag der Versammlung) zum Gebet gerufen wird, dann wendet euch mit Eifer dem Gedenken Gottes zu und laßt das Kaufgeschäft (so lange ruhen)! Das ist besser für euch, wenn (anders) ihr (richtig zu urteilen) wißt. Doch wenn das Gebet zu Ende ist, dann geht eurer Wege (w. breitet euch im Land aus) und strebt danach, daß Gott euch Gunst erweist (indem ihr eurem Erwerb nachgeht)! Und gedenket Gottes ohne Unterlaß (w. viel)! Vielleicht wird es euch (dann) wohl ergehen." (Q 62,9–10) Allen Zitaten, die sich auf den Koran beziehen (markiert mit Q), legen wir die Übersetzung von Rudi Paret zugrunde.

Der Aspekt der Gemeinschaft ist wichtig. Die meisten Religionen, die eine Schöpfungstheologie haben, betrachten die Welt als Gottesraum und nehmen in der Folge eine Beziehung zwischen dem Menschen als Geschöpf und der ihm überantworteten Schöpfung an.

Die islamische Theologie formuliert überdies vor allem eine Theologie des Gottesdienstes:

> Ihr Menschen! Dienet eurem Herrn, der euch und diejenigen, die vor euch lebten, geschaffen hat! Vielleicht werdet ihr (euch diese Mahnung zu Herzen nehmen und) gottesfürchtig sein. (Dienet ihm), der euch die Erde zu einem Teppich und den Himmel zu einem Bau gemacht hat, und der vom Himmel Wasser herabkommen ließ und dadurch, euch zum Unterhalt, Früchte hervorbrachte. (Q 2,21 f.)

Erde und Himmel, alle Sphären sind um des Menschen willen gestaltet als Grund und Wohnstätte. Die

> gläubigen Männer und Frauen sind untereinander Freunde (und bilden eine Gruppe für sich). Sie gebieten, was recht ist, und verbieten, was verwerflich ist, verrichten das Gebet, geben die Almosensteuer und gehorchen Gott und seinem Gesandten. Ihrer wird sich Gott (dereinst) erbarmen. Gott ist mächtig und weise. Gott hat den gläubigen Männern und Frauen Gärten versprochen, in deren Niederungen (…) Bäche fließen, dass sie (ewig) darin weilen, und gute Wohnungen in den Gärten von Eden. Aber Wohlgefallen Gottes bedeutet (noch) mehr (als all dies). Das ist das große Glück. (Q 9,71–72)

Diese Verheißung entspricht dem Motiv eines *locus amoenus*. Die Sehnsucht des Menschen nach Ankunft, nach müheloser Ruhe und unbeschwerter Gegenwart scheint sich in den Religionen aus der Sicht einiger Kritiker immer in der Utopie zu halten. Zweifellos gibt es immer wieder eine sehr bildreiche Beschreibung dieser Verheißung, wenn auch nicht in allen Religionen. Gerade das Judentum beispielsweise gilt vornehmlich als eine Religion des Diesseits, die auf ‚Vertröstungen' weitestgehend verzichtet und vielmehr auf das Kommen des Messias in der Welt abstellte. Diese Verheißung ist in ihrem Weltbezug durchaus politisch. Dagegen bleiben Andeutungen eines jenseitigen Fortgangs rar. Auch der Islam ist seiner Anlage nach eine politische Religion, die nicht Weltflucht predigt, sondern auf Weltgestaltung abhebt. Die Beschreibung des Sehnsuchtsortes ist in der Sprache der Zeit die Befreiung von Mühe, Not und Leid. Der Mensch hat dann von allem, dessen er bedarf, er hat eine sichere Heimstatt, Ruhe und alles sonst zum Glück. Die jenseitige Vorstellung hat aber ein diesseitiges Pendant, weil der Glauben der Utopie der gottbezogenen Hoffnung in der Hinwendung zu Gott Gegenwart schenkt. Auch die Konsequenzen in Handeln und Denken gestalten das Diesseits.

Das unabänderliche Weiter des Menschen, dem er in der Welt der ungenügenden Vielheit mit all ihrem Vergehen ausgesetzt scheint, gewinnt Erlösung in der Erhebung des Blickes auf den Einen, der ohne ein Anderes ist, beständige Gegenwart und unverbrüchlichen Urgrund. Heißt das Weltflucht? Die Religionen bringen diesen Grund in der Welt ins Wort. Ganz ähnlich wie auch schon bei Augustinus lesen wir im Koran: „Ja, im Gedenken Gottes ruhen die Herzen." (Q 13,28) In Gott allein und damit auch in der dem Menschen möglichen diesseitigen Form der Anwesenheit bei ihm, dem Gottesgedenken, findet der Mensch die Ruhe, die er immerzu sucht und die ihm nichts sonst zu geben vermag. Das Herz ist die Mitte des Menschen. Es ist ein Leben lang in Bewegung, ja seine Bewegung ist notwendig für das Leben überhaupt. Es ist nicht einfach nur ein Organ, sondern Chiffre des ganzen Menschen in seinem lebenslangen Sehnen, Mühen und Streben, seiner Unruhe, die auch im scheinbaren Ruhen in der Welt nicht endet und dem Auge verborgen bleibt, weil sie den Menschen in seinem Inneren kennzeichnet.

Das Schöpfungsgeschehen[27] wird im Koran etwas anders als im Buch Genesis beschrieben. Es zeigen sich in der Sprache und vor allem auch in der Struktur und Einbettung von Aussagen zum Schöpfungsgeschehen Diskrepanzen, die eine andere Ordnung von Zeit und Raum erkennen lassen und auch für die menschliche Handlungsordnung bedeutsam sind. Zunächst heißt es verschiedentlich im Koran: „Euer Herr ist Gott, der Himmel und Erde in sechs Tagen geschaffen und sich daraufhin auf dem Thron zurechtgesetzt hat, um den Logos zu dirigieren." (Q 10,3) Die auf die sechs Schöpfungstage folgende Ruhe Gottes wird, im Gegensatz zu den Interpretationen der jüdischen Tradition, nicht als solche bezeichnet, steht nicht

---

[27] Der Koran bietet keine zusammenhängende Schöpfungserzählung, wie etwa die Genesis. Stattdessen finden sich Aussagen zum Schöpfungsgeschehen an vielen Stellen im Koran, teils als häufige Wiederholungen. Dieser Umstand gründet in dem anderen Anspruch des Korantextes, der vor allem auch die Dienstbarkeit der Schöpfung um des Menschen willen in den Fokus rückt und die Erzählungen jeweils dazu in einen funktionalen Zusammenhang stellt, aus dem heraus nicht das Schöpfungsgeschehen selbst, sondern dessen Begründungsfunktion für das Handeln der Menschen erhellt werden soll. Auch dienen sie zur Emphase göttlicher Allmacht. Vgl. Q 14,19 f.: „Wenn er will, lässt er euch vergehen und eine neue Schöpfung (nach)kommen (und eure Stelle einnehmen). Das fällt Gott nicht schwer."; ebenso Q 35,16 f. etc.; oder auch 65,12: „Gott ist es, der sieben Himmel geschaffen hat, und von der Erde ebensoviel, wobei der Logos zwischen ihnen herabkam (um die Schöpfung im einzelnen durchzuführen?). Ihr sollt ja doch wissen, dass Gott zu allem die Macht hat, und dass er mit (seinem) Wissen alles erfasst hat (was es in der Welt gibt)."

zentral und erscheint auch nicht als Teil der Schöpfung selbst. Stattdessen steht die Ruhe des darauffolgenden Tages separat, ja sie erscheint nicht einmal mehr als Ruhe, sondern als Zurechtsetzung Gottes, die Teil und Auftakt seines weiteren Wirkens ist, das Schöpfungswerk zu leiten, zu „dirigieren", d.h. weiterhin aktiv Anteil an ihm zu haben. So beschreibt auch hier der Text ein Tun Gottes, der sich zwar setzt – und also eine Form der Ruhe übt –, der aber andererseits diese Ruhe nicht um ihrer selbst willen, sondern des ordnenden Wirkens wegen übt, und die Ruhe mithin nicht als ein Innehalten und Abstandnehmen, keine Form der Weltdistanz begreift.

Der „Abstand von der Welt des funktionalen Nutzenkalküls"[28] scheint wirklichkeitsnah und gemäßigt – was keineswegs bedeutete, dass sich hier nicht eine reiche Tradition vielfältiger Formen dieses Gottesgedenkens entwickeln konnte. Das Geschenk des Sabbats wurde in den nachfolgenden Religionen aufgegriffen und konnte in deren Kulturen das Bewusstsein für die Stellung des Menschen im Schöpfungsganzen wachhalten. Die Institutionalisierung der Muße hat einen entscheidenden Anteil an der Entwicklung der Gesellschaften und der Kultur.

Die allgemeine Aktivität alltäglichen Herstellens und Handelns ist in der regelmäßigen Unterbrechung und der Wendung des Menschen zu Gott durch eine andere Form der Aktivität komplettiert, die über die Zeit greift und den sonst engen Handlungsraum weit macht. Daneben ist ein anderer Aspekt wesentlich. Im Alten Testament heißt es in Hinsicht auf das Sabbatgebot: „Dein Sklave und deine

---

[28] Jan Woppowa, „Sabbat – Sonntag – Freitag", in: *Das wissenschaftlich-religionspädagogische Lexikon im Internet* (WiReLex), http://www.bibelwissenschaft.de/stichwort/100184/ (abgerufen am 28.03.2019).

Sklavin sollen sich ausruhen wie du. Gedenke, dass du Sklave warst im Land Ägypten und dass dich der Herr, dein Gott, mit starker Hand und ausgestrecktem Arm von dort herausgeführt hat." (Dtn 5,14f.) Das geschichtsbewusste Gedenken an die eigene Not des Zwanges ist für den Sabbat wichtig; es forciert die Möglichkeit der Befreiung vom Arbeitszwang durch die, die es vermögen, auch für selbst Unfreie. Der Sabbat ist auch ein Tag des Geschichtsgedenkens und diese Geschichte, der Rückblick auf das vergangene Mühen und Leiden, erweist sich in der Aufhebung im Sabbat als Heilsgeschichte, die dem, der glaubt, einen Vorgeschmack auf das Ende aller Tage, den ewigen Sabbat ermöglicht. Der Sabbat ist die Gegenwart der Utopie der Freiheit von jeglichem Zwang, Notwendigkeit und Fremdbestimmung, die aber ihre eigene noterfüllte Vergangenheit nicht vergisst.

In der Freiheit des Sabbats haben nicht nur Gottesgedenken und Geschichtsgedenken, beides Weisen der Vergegenwärtigung, Platz. Das Beginnen, das Anfangen und die schöpferische Kreativität können im Abstand von allem Leistungsethos auf dem Nährboden der Freiheit gedeihen. Anfangen bezeichnet einen Akt selbstbestimmten und freien Handelns und Denkens, in der entschiedenen Emphase für das, was für uns Bedeutung hat und was wir in die eigene Hand nehmen wollen. Im Anfangen zeigt sich der Mensch. Augustinus schrieb: „Damit ein Anfang sei, wurde der Mensch." (Augustinus, De civitate dei 12,20) Der Mensch *setzt* nicht nur einen Anfang, er *ist* der Anfang. In ihm kommt die Schöpfung zu ihrem Höhepunkt – das Ende ist der Anfang, die vermeintliche „Krone der Schöpfung" hält die ausstehende Geschichte in der Hand. Die Gestaltung der Welt und des Lebens, Geschichte und

Gesellschaft, nehmen, schöpfungstheologisch betrachtet, hier erst ihren Anfang.

War im Akt der Schöpfung die Ruhe des Sabbats Vollendung und Vervollkommnung, ist sie für den Menschen, dessen Mühen mit dem nachfolgenden Tag weitergeht, der Raum der Freiheit für das, was in ihm Erfüllung sucht und aus ihm heraus, nicht aus der Notwendigkeit, wächst. Das Neue, die Geburt eines Gedankens, eine Verknüpfung, eine überraschende Idee oder auch ein aufkeimender Handlungsimpuls, ist ein Geschenk der Gegenwart des Sabbats.

Die göttliche Erschaffung des Menschen wird am sechsten Tag beschrieben, an dem der Mensch Gestalt, Leben, Gesellschaft und Auftrag erhält. Doch wird der Mensch, der dem Bild Gottes gleich entworfen ist, erst am Sabbat zu dem, der mehr ist als Arbeit und Not, als Herrschen und Fruchtbringen. Das Lassen eröffnet Räume geschenkter Zeit, die erlebt und gestaltet werden wollen. Im Gebot des Lassens und der Heiligung verbindet sich der Mensch mit seinem Anfang und hält sich an der Seite einer ewigen Gegenwart des Anfangs. Er lässt das Tun oder tut das Lassen, hält Ruhe und sich im Abstand vom Handeln umso mehr in Gemeinschaft mit allen Menschen. Die Gemeinschaft derer, die Ruhe hielten, halten und halten werden, tritt in der Gegenwart des Gedenkens zusammen. Der Sabbat ist der Vater der Muße, doch Muße ist mehr als ein freier Sonntag, als Ruhe und Besinnung. Nicht der Gottesdienst ist eine Muße-Praxis, ein potentieller Raum der Muße, sondern die Muße selbst ist für die Gläubigen eine Form des Gottesdienstes. In der recht gebrauchten Muße widmet sich der gläubige Mensch dem Höheren, das nicht mehr im eigentlichen Sinne lebensnotwendig ist, das aber Lebensgrundlage schlechthin ist.

Für die Religiösen hat das Gottesgedenken zweifellos seinen Platz auch in der Muße, doch auch für Nicht-Religiöse kann Muße eine beinahe religiöse Bedeutung gewinnen. Die Besinnung auf das Leben selbst, das Zu-sich-selbst-Kommen in der Gegenwart setzt die Trauer um das Gestern und die Sorge um das Morgen aus. Muße ist Gegenwart. Für Religiöse kann diese Gegenwart die „Gegenwart des Gebers im Gegebenen" sein, „für den Menschen mit Gott ist Zeit verhüllte Ewigkeit"[29]. Der eigentümliche Blick der Religionen auf die Zeit lässt sie als Dienerinnen der Muße erscheinen. Sie stellen auf eine gemeinsame Gegenwart ab, die uns in Zeitgenossenschaft verbindet, während der Raum, den wir einnehmen, immer nur uns selbst gehört und uns so selbst von den engsten Menschen trennt.[30] Die Religion, erwachsen aus dem „umfassenden Mangel an anwesender Gegenwart"[31], leitet uns zu einem anderen Umgang mit Zeit. Raum mögen wir einnehmen, besitzen und beherrschen. Von der Zeit dagegen, die wir teilen, werden wir alle, wie mächtig wir auch sein mögen, beherrscht. Gegen ihren unbarmherzigen Zwang sind wir machtlos. Der Sabbat als Feier der Zeit zeigt die Bedeutung der Gegenwart, insofern „jeder Augenblick ein Schöpfungsakt ist, ein Anfang, der neue Wege für letzte Erkenntnisse eröffnet. Zeit ist Gottes Gegenwart in der Welt des Raumes […]."[32] Diese Gegenwart ist *lebendige Gegenwart.*[33]

---

[29] Heschel, *Der Schabbat*, 79.
[30] Vgl. Heschel, *Der Schabbat*, 76 f.
[31] Uhde, *Gegenwart und Einheit*, 8.
[32] Heschel, *Der Schabbat*, 78.
[33] Vgl. Heschel, *Der Schabbat*, 44.50 et passim.

Zwischen Himmel und Erde – Muße als Grenze

Kaum ein Mythos ist so bekannt wie jener von Sisyphos, der aufgrund seiner Verschlagenheit gegen die Götter dazu verdammt war, unentwegt einen Fels den Berg hinauf zu bewegen – und damit niemals an ein Ende zu kommen. Der Fels rollt immer wieder ins Tal zurück und muss neuerlich den Berg hinaufbewegt werden. Für Camus war dieser Mythos ein Bild des absurden menschlichen Daseins: „Der absurde Mensch sagt ja, und seine Anstrengung hört nicht mehr auf."[1] Tatsächlich ist er eine begreifliche Illustration der immer wieder neuen – geistigen und körperlichen – Mühen und Anstrengungen des menschlichen Lebens. Sisyphos wurde mit dieser Strafe bedacht, weil er dem Tod entgehen wollte, ihn überlistete und sich also um jeden Preis in der Welt halten wollte. Er klammert sich an das Diesseits, die Zeitlichkeit und das unaufhörliche Werden, das trefflicher als Vergehen beschrieben werden kann. Dementsprechend ist die ihm zugedachte Strafe eine Verstetigung der sich immerzu wiederholenden diesseitigen menschlichen Mühsal und damit – aus Sicht der Religion – immerwährendes Elend. Das Mühen kommt in der

---

[1] Albert Camus, *Der Mythos des Sisyphos*, deutsch u. mit einem Nachwort v. Vincent von Wroblewsky, Reinbek 2004, 159.

Welt an kein Ende – endgültige Ankunft und Ruhe sind nicht im unaufhaltsamen Fortgang raumzeitlicher Wirklichkeit zu erwarten. Das Streben nach Endgültigkeit, nach dem sicheren Grund, von dem kein Fels mehr fortrollt, dem Ein-für-alle-Mal getaner Arbeit, bleibt, so scheint es, immerzu unbefriedigt und müßig. Doch was heißt das? Ist Muße selbst unmöglich? Bleibt nur eine ‚heroisch negative Anthropologie'[2], in der die Muße keinen Platz mehr hat? Vielleicht ist es ein Spezifikum der Muße, dass sie gleichsam als Licht eines fernen Leuchtturms einen Weg weisen kann, ohne dessen Ursprung und Ziel ganz dem Blick der Zeit darzubieten.

Ein anderes bekanntes Motiv der antiken Mythologien ist jenes vom *Goldenen Zeitalter*. Es ist die als Nostalgie formulierte utopische Vorstellung, dass es einmal eine Zeit gegeben habe, in der der Mensch im Einklang mit seiner Umwelt lebte und frei von Sorgen, Mühen und Arbeit das Nötige zur Verfügung gehabt habe.[3]

Wie aus gleicher Geburt geworden sind Götter und Menschen. Golden war ja zuerst das Geschlecht der sprechenden Menschen, das die Unsterblichen schufen, die hohen Olympos-Bewohner. Jene waren zur Zeit des Kronos, der herrschte im Himmel. Und sie lebten wie Götter und hatten das Herz ohne Kummer, ohne Plagen und Jammer. Sogar das klägliche Alter nahte nicht, son-

---

[2] Vgl. Hans-Georg Soeffner, „Muße – Absichtsvolle Absichtslosigkeit", in: *Muße im kulturellen Wandel. Semantisierungen, Ähnlichkeiten, Umbesetzungen* (linguae & litterae 35), hg. v. Burkhard Hasebrink/Peter Philipp Riedl, Berlin/Boston 2014, 34–53, 51.

[3] Ein analoges Muster zeigen die als Nostalgie verkleideten Utopien der Kindheit, die zuallererst die sehnsüchtige Projektion einer an Vernunft, Notwendigkeit, Termindruck und Verantwortung saturierten Gegenwart sind. Die Sehnsucht nach der Muße gedeiht besonders auf felsigem Grund.

dern immer an Füßen und Händen sich gleichend, freuten sie sich am üppigen Mahl und kannten kein Unheil. Wie vom Schlaf überwältigt, starben sie; alles Erwünschte war ihnen eigen. Und Frucht trug der nahrungsspendende Acker unbestellt in neidloser Fülle, sie aber willig walteten still ihrer Arbeit, versehen mit Gütern in Fülle, reich an Herden und Vieh, befreundet den seligen Göttern.[4]

In dieser Zeit waren Missgunst oder Feindschaft – sowohl untereinander als auch in Hinsicht auf andere Lebewesen und vor allem Götter – unbekannt. Die Beschreibung eines paradiesischen Naturzustands formuliert nicht einfach nur eine utopische Sehnsucht, sondern vor allem auch eine Gesellschafts- bzw. Gegenwartskritik in Hinsicht auf die Gegenwart des Autors, die ja kontrastiv als defizitär herabgesetzt wird. Der Idealzustand der mühe- und leidlosen Gemeinschaft war ‚himmlisch', weil das Leben der Menschen wie das der Götter gefasst war. Die Sorgen der Zeit – Alter, Zeit- und Termindruck etc. – waren ebenso unbekannt wie Konflikte jeglicher Art. Das Leben war ganz Selbstzweck, die Gegenwart war die wesentliche und einzige Dimension und Mangel kannte man nicht. Was konnte passieren, dass Sorglosigkeit und Harmonie der Mühe, Arbeit und dem Mangel wichen? Der Mythos des Goldenen Zeitalters setzt den Verlust dieser Unbekümmertheit in den Kontext der prometheischen Tat.

Prometheus brachte den Menschen das Feuer und damit das Werkzeug der Götter, provozierte damit den Zorn des Zeus und wurde zu unendlichen Qualen verbannt. Er trägt die Verantwortung für den Verlust der friedlich-unbeschwerten Lebensführung der Menschen, die mit der leid-

---

[4] Hesiod, *Werke und Tage*, 108–120 (Übersetzung nach Albert von Schirnding).

und mühsalbringenden ‚Büchse der Pandora' gestraft wurden. Doch da Prometheus die Strafe voraussah, wären die Plagen der Götter nie über die Menschen gekommen, hätte nicht Epimetheus (*epi-mētheia* = ‚Danach-Denken') die Warnung seines Bruders Prometheus, nichts von den Göttern anzunehmen, vergessen.

Prometheus, der ‚Vorausdenkende' (*pro-mētheia* = Vorausdenken, Vorsicht), der also in der Sorge um das Morgen lebt, gilt zwar weithin als Vater der Mußelosigkeit, doch sind die Plagen der ‚Büchse der Pandora' dem anzulasten, der das Denken hintanstellte, sich vom Glanz blenden ließ und unbedacht seinen Begierden folgte. Der Zustand vollkommener Muße ist in der Erzählung das gleichsam ‚göttliche' Leben, das dem in Sorge und Anstrengung gehaltenen Leben gegenübersteht. Zwar ist die Mußelosigkeit Grund und Ursprung der menschlichen Zivilisation überhaupt, doch für Hesiod, der diese Zivilisation aus der Sicht des Bauern als immerwährende Mühsal, Sorge und Arbeit erlebt, wiegt der unwiederbringliche Verlust einstiger Unbeschwertheit ungleich schwerer. In seiner Gegenwart kritisierte er den dekadenten Müßiggang der Stadtbewohnenden. Aufgrund der Umstände der Zeit und der Dekadenz und Gottesferne schien ihm die Muße im anfangs entfalteten, idealen Sinne unmöglich. Wo zuvor keinerlei Notwendigkeit und äußerer Zwang den Menschen banden, wo alle Arbeit nach Willen und Belieben verrichtet wurde und sich also nicht auf die Sicherung des (Über-)Lebens richten musste, da war der Mensch in der Muße und damit die Muße selbst sich selbst genug. Jetzt aber, so das antike Narrativ, ist das Leben insgesamt und damit auch die Zeit der Muße degeneriert zu einer Magd der Arbeit und der Notwendigkeit.

Zwischen Himmel und Erde – Muße als Grenze

Die freie Zeit hat zum Ziel, die Kräfte des Menschen nach getaner Arbeit und verrichteter Mühe wiederherzustellen, ihn damit wieder vorzubereiten und zu stärken für neuerliche Anstrengungen. Damit aber, so ließe sich resümierend formulieren, ist die Muße nicht länger Muße, ist nur mehr Erholung und Stärkung im Dienste der Arbeit. Muße aber ist in ihrer emphatischen Fassung das Gegenteil von Erholung. Das mag zunächst überraschen, begründet sich aber aus einem teleologischen, antiken Mußebegriff heraus. Demnach ist das Verhältnis wie folgt zu skizzieren:

Während Freizeit und Erholung um der Arbeit willen, d.h. um der Vorbereitung und Regeneration der Arbeitskraft willen sind und sich also von der Arbeit her als notwendig erweisen, ist es wiederum die Arbeit und die Geschäftigkeit, die um der Muße willen notwendig sind. Damit der Genuss einer unbeschwerten Muße möglich ist, ist vorab die Erledigung und Erfüllung der Notwendigkeiten unvermeidlich. Die Muße selbst ist nicht mehr um eines anderen willen, sondern genügt sich ganz selbst. Sie allein ist Selbstzweck. Damit gilt sie als höchste Form menschlichen Lebens, ist höchstmögliche Selbstverwirklichung des Menschen. Was nicht Muße ist, zielt zuletzt auf sie hin, sie ist der immanente (d. h. diesseitige) Zielzustand menschlichen Lebens.

Mehr noch: „Das Leben, in dem sich diese Bedingungen erfüllen, ist höher, als es dem Menschen als Menschen zukommt. Denn so kann er nicht leben, insofern er Mensch ist, sondern nur insofern er etwas Göttliches in sich hat."[5] Hier also zeigt sich die Muße als Umschlagpunkt zwischen dem, was als menschlich, und dem, was als göttlich gelten kann; sie wird selbst zur Grenze, zum Markstein des Umschlags zwischen dem Diesseitigen und dem Jenseitigen, Immanenz und Transzendenz. Als Grenze steht sie zwischen den Welten, ist heimatlos, weil sie unter den Bedingungen von Raum und Zeit und Welt gewachsen ist, diese aber gleichsam überragt und ihnen also fremd geworden ist.

Während eine Unterscheidung von Muße in Abgrenzung von Ruhe, Vergnügen, Langeweile usw. eine immanente Ebene, d. h. eine Ordnung in der Welt bedient, transgrediert und transzendiert die Betrachtung von Muße als Grenze diese Rahmung und es zeigt sich eine eigenartige Exposition innerhalb der zeiträumlich-funktionalen Wirklichkeitssphäre. Weil Muße, anders als Erholung und Vergnügen, nicht auf Regeneration und Unterhaltung zielt, sich vielmehr ohne ein derartiges Ziel außer sich mit sich selbst begnügt und also sich selbst Ziel und Zweck ist, kann sie selbst auch Grenzpfeiler von Denken und Handeln sein. In eigentümlicher Weise geht es in der Muße – gemeint ist das emphatische Mußeverständnis, das wir von Aristoteles her kennen und das auch (mit einer eigenen theologischen Ausrichtung) bei Augustinus anklingt – um alles.

Muße markiert eine Grenze, die eine Schwelle, einen Umschlagpunkt, der weder scharf dem einen noch dem anderen zugehört, darstellt. Die Schwelle ist Unterscheidung und Trennung, Verbindung und Ermöglichung. Sie ist

---

[5] Aristoteles, *Nikomachische Ethik* X 7 1177b 16–1178a 8.

ein Medium der Erkenntnis und separiert die Erkennenden von den Nicht-Erkennenden. Die Schwelle bzw. Grenze steht in der Mitte zwischen zwei Bereichen, sie ist Medium, an ihr entscheidet sich ein Verhältnis; sie ermöglicht […] aber auch einen Zugang, eröffnet Raum, und beschränkt jenen Möglichkeitsbereich zugleich. Die Grenze bestimmt zuletzt das Begrenzte erst dadurch, dass sie es begrenzt. Damit aber ist sie […] – um es mit den Worten des Porphyrios zu sagen – ‚etwas Heiliges', da sie auch selbst Macht über das Heilige hat, das sie vom Profanen scheidet.[6]

Der Gott der Schwelle ist Hermes, der Vermittler zwischen dem Göttlichen und dem Menschlichen, der Bote derer, die jenseits sind. Die Muße kann zur Schwelle werden, wo sie in der Zeit den Blick auf das Andere der Zeit, auf die jenseitige Wirklichkeit lenkt und freigibt. Als Grenze macht Muße *das Andere*, von dem die Religionen sprechen, sichtbar und öffnet das Denken und Verstehen auf das zunächst scheinbar Undenkbare hin. Vergehende und unvergängliche Gegenwart kommen in ihr in jenem archimedischen Punkt zusammen, der uns dazu geeignet scheint, uns aus den engenden Angeln von Zeit und Raum zu heben, soweit das unter der uns dennoch nicht lassenden zeit-räumlichen Bedingtheit möglich scheint.[7]

Die Muße in ihrer emphatischen Fassung als selbstzweckhaftes Ziel menschlichen Handelns ist nicht notwendig das unmittelbare Ziel des Handelns. Der Handel auf dem Markt dient dem Erwerb und damit der Sicherung des

---

[6] Andreas Kirchner, „Die ‚Consolatio Philosophiae' und das philosophische Denken der Gegenwart. Was uns die Philosophia heute noch lehren kann", in: *Boethius as a Paradigm of Late Ancient Thought*, hg. v. Thomas Böhm/Thomas Jürgasch/Andreas Kirchner, Berlin/Boston 2014, 171–211, 179. Der Hinweis auf Porphyrios bezieht sich auf *De antro nympharum*, 27.

[7] Vgl. Augustinus, *De vera religione* 65.

Notwendigen. Wie dieser sind die meistens menschlichen Tätigkeiten zunächst geschäftiges Treiben, sind Be-*sorge*-n. Wozu aber all die Sorge und Geschäftigkeit? Mittelbar sind nach Aristoteles alle menschlichen Handlungen und Geschäfte auf die Muße gerichtet. Sie haben als Zweck das andere, das allein keinem anderen mehr zuarbeitet. Doch ist die Muße nicht nur Ziel, sondern auch Grund und Anfang allen Handelns und Denkens, sie ist der „Angelpunkt", um den sich alles dreht.[8] Damit ist sie also nicht nur der Zielpunkt allen Strebens, sondern auch dessen Ausgangspunkt. Was das bedeuten kann, zeigt sich in der aristotelischen Erzählung von der Entstehung der Wissenschaften:[9] Diese nämlich wären erst aus der Muße der ägyptischen Priester erwachsen, die frei über die eigene Zeit verfügen konnten und für keinerlei Notwendigkeit Sorge tragen mussten. Die Freiheit der Muße war demnach die Bedingung der Möglichkeit von Wissenschaft.

Aristoteles erwähnt einen bemerkenswerten Vergleich: Wie der Frieden, der das Ziel des Krieges sei, sei die Muße, explizit verstanden als Nicht-Arbeit (genauer: die Arbeit verstanden als Nicht-Muße, *a-scholía*), Ziel aller Arbeit, die auf Lohnerwerb, Überleben, Ruhm, Erfolg und andere Güter hin gerichtet ist. Die Muße dagegen ist Selbstgenügsamkeit (Autarkie) und Ziel allen Strebens. Muße und Frieden auf der einen Seite, Arbeit (bzw. Nicht-Muße) und Krieg auf der anderen. Letztere sind der Muße und dem Frieden, die also eng verbunden sind, logisch vorgeordnet, da sie ja um derentwillen geübt werden, stehen hierarchisch aber unter diesen.

---

[8] Vgl. Aristoteles, *Politik* VIII 3 1337b 31 f.
[9] Vgl. Aristoteles, *Metaphysik* 981b 17–25.

Dass sich Arbeit und Muße gleichzeitig und also verbunden zeigen, ist nach dieser Logik ebenso ausgeschlossen wie die Gleichzeitigkeit von Frieden und Krieg. Es mag Augenblicke der Muße im Kontext der Arbeit geben, allein: Das Kontrastverhältnis bleibt gültig, wenn auch die kurzweilige Form der Aufhebung oder Aussetzung von Arbeit oder die Wendung des Fokus auf freiheitliche Erlebens- und Gestaltungsaspekte in Zeiten der Arbeit beide Pole gelegentlich nah zueinander rückt. Zur Muße gehört die Herrschaft des Menschen über die eigene Zeit[10] und die freie Verfügung über ein frei zu wählendes Objekt, auf welches sich das Denken und Handeln richtet. Das wiederum bedeutet auch ein Zurücktreten der Bedeutung der Zeit und auch der Produktivität. Hinsichtlich des Ausgangs folgt daraus eine Offenheit, da das Ergebnis kaum plan- oder absehbar ist. Diese Offenheit erscheint dem Blick der Ökonomie und der Leistungsorientierung zunächst als Unsicherheitsfaktor.

In der antiken philosophischen Konzeption ist die Verbindung von Muße und Denken zentral. Politische und praktische Tätigkeit, Handeln und Herstellen sind für Aristoteles nicht mit einer erfüllten, d.h. emphatischen Muße vereinbar. In dieser haben das Denken, der Geist, Formen der Innerlichkeit, oder treffender: der vollkommene und sich selbst ganz genügende Bezug des Denkens auf sich selbst seinen Platz. Die Selbstgenügsamkeit im Denken (in der Muße), die *theoria*, ist für Aristoteles gleichsam so etwas wie eine „Vergöttlichung" des Menschen, der für einen Augenblick „verunsterblicht" wird, weil er am voll-

---

[10] Vgl. Eino Mikkola, „,Schole' bei Aristoteles", in: *Arctos. Acta Philologica Fennica*. Nova Series 2 (1958), 58–87, 71 f.

kommenen Selbstvollzug des Geistes, der darum für Aristoteles das erste Prinzip ist, teilhat. Die *theoria* ist sodann die vollkommene Praxis des Philosophen und allein in der Muße umsetzbar – und auch deren vollkommenste Form der Erfüllung, denn nur in ihr finden sich Selbstgenügsamkeit, Freiheit – und sogar Glückseligkeit. Misslich ist für Aristoteles die jeweils nur kurze Dauer dieses Zustandes:

[Es] wäre dies die vollendete Glückseligkeit des Menschen, wenn sie denn außerdem noch die volle Länge eines Lebens dauert, da nichts, was zur Glückseligkeit gehört, unvollkommen sein darf. Aber das Leben, in dem sich diese Bedingungen erfüllen, ist höher, als es dem Menschen als Menschen zukommt. Denn so kann er nicht leben, insofern er Mensch ist, sondern nur insofern er etwas Göttliches in sich hat. So groß aber der Unterschied ist zwischen diesem Göttlichen selbst und dem aus Leib und Seele zusammengesetzten Menschenwesen, so groß ist auch der Unterschied zwischen der Tätigkeit, die von diesem Göttlichen ausgeht, und allem sonstigen tugendgemäßen Tun. Ist nun die Vernunft im Vergleich mit dem Menschen etwas Göttliches, so muss auch das Leben nach der Vernunft im Vergleich mit dem menschlichen Leben göttlich sein. Man darf nicht jener Mahnung Gehör geben, die uns anweist, unser Streben als Menschen auf Menschliches und als Sterbliche auf Sterbliches zu beschränken, sondern wir sollen, soweit möglich, uns bemühen, unsterblich zu sein, und alles zu dem Zweck tun, dem Besten, was in uns ist, nachzuleben. Wenn es auch klein ist an Umfang, so ist es doch an Kraft und Wert das bei weitem über alles Hervorragende. Ja, man darf sagen: dieses Göttliche in uns ist unser wahres Selbst, wenn anders es unser vornehmster und bester Teil ist. Mithin wäre es ungereimt, wenn einer nicht sein eigenes Leben leben wollte, sondern das eines anderen.[11]

---

[11] Aristoteles, *Nikomachische Ethik* X 7 1177b 16–1178a 8.

Weil die Vernunft unter allen Lebewesen allein dem Menschen eigen sei, sei es das Leben nach der Vernunft, das den Menschen auszeichne und ihm im Wesentlichen entspräche.[12] Doch das Denken grenzt ihn nicht nur von den anderen sterblichen Lebewesen ab, sondern öffnet ihm gleichsam auch die Perspektive nach oben, lässt ihn zum Göttlichen aufblicken und macht ihn ein Stück weit diesem ähnlich, wenn er doch auch nicht vermag, diesen Zustand des vollkommenen Denkens aufgrund der Bedingtheit seiner Existenz in der Welt und also der Sorge um das Morgen zu halten. Eben dies ist die Schwelle, an der die Muße mit der sie erfüllenden *theoria* eine Grenze bildet. Sie ist die beste Verwirklichung dessen, was der Mensch vermag, ja *ist*. In ihr kommt der Mensch zu sich selbst, mehr vermag der Mensch – nach Aristoteles – niemals zu erlangen oder gar zu werden. Hierin liegt also die Glückseligkeit, die er erhoffen darf und erlangen kann. Hier wird der Mensch (nach Aristoteles) ein Stück weit Gott. *Muße und theoria sind somit selbst Schwelle. An dieser äußersten Grenze des dem Menschen Möglichen schlägt Menschliches in Göttliches um.* Alles Vorausgehende bleibt unvollkommen und strebt mittelbar oder unmittelbar nach Muße und der in ihr zu erlangenden Vollkommenheit. Alles Höhere – die vollkommene Göttlichkeit in der vollkommenen Unbedingtheit des Geistes bleibt dem Menschen unzugänglich und unmöglich.

---

[12] Das bedeutet keineswegs, dass Aristoteles nicht auch um die anderen Anteile der menschlichen Existenz wüsste oder diese ignorierte. Doch setzt das antike Denken zumeist eine hierarchische Wirklichkeitsordnung voraus und gründet in der Suche nach einem sicheren Wissen, verstanden als ein Wissen von Prinzipien, das wiederum Denken und Geist voraussetzt.

Wo der Mensch also Mensch sein will, braucht er Muße und Geist. Dass dieses antike Konzept zahlreiche Schwachpunkte hat und einer privilegiert-elitären Perspektive entspringt, ist offensichtlich. Allein die Frage danach, wer hier als vollständiger Mensch gelten darf – nach Aristoteles jedenfalls nicht Sklaven, Handwerker, Frauen und Kinder etc. –, zeigt einen zentralen Ansatzpunkt für die aus heutiger Sicht unbedingt notwendige Kritik. Doch ist die emphatische Bedeutung der Muße gerade vor dem Hintergrund der hier zugrunde gelegten Gedanken zur Religion überaus relevant. So sollte das kritische Hinterfragen dieser starren Normativität der antiken Konzeption der Auseinandersetzung mit dieser emphatischen Sicht auf die Muße nicht im Weg stehen, sondern helfen, jene Seiten an ihr zu entdecken, die ihrerseits eine gewinnbringende Kritik der Gegenwart erlauben.

Ein zweites Beispiel für die Bedeutung der Muße als Grenze ist das Konzept des Augustinus, der wohl einflussreichste Theologe der christlich-westlichen Spätantike.[13] Durch ihn erhält die Muße (als *otium*)[14] erstmals in der christlich-abendländischen Geschichte einen spezifischen

---

[13] Zum Folgenden vgl. Andreas Kirchner, *Dem Göttlichen ganz nah. „Muße" und theoria in der spätantiken Philosophie und Theologie* (Otium 8), Tübingen 2018, 296–301.

[14] Wenn im Folgenden im lateinisch-theologischen Kontext des Augustinus von Muße gesprochen wird, dann ist damit Muße im Sinne von *otium* gemeint. Zur Frage nach dem Verhältnis von Muße und *otium*, s. Franziska Eickhoff, *Der lateinische Begriff ‚otium'. Eine semantische Studie* (Otium 16), Tübingen 2021; dies., „Otium, Muße, Müßiggang – mit Vorsicht zu genießen. Zur Ambivalenz von otium in der antiken lateinischen Literatur", in: *Semantiken der Muße aus interdisziplinären Perspektiven* (Otium 20), hg. v. Monika Fludernik/Thomas Jürgasch, Tübingen 2021, 35–55; Stefan Metz, „‚Otium romanum in vita christiana'. Konzepte von ‚otium' bei Paulinus von Nola", in: *Semantiken der Muße*

Ort in einem ausformulierten theologischen System. Sie wird mit genuin theologischen Fragestellungen verknüpft, die dazu überhaupt erstmals im Westen einer systematischen Beantwortung zugeführt werden. Muße ist bei Augustinus kein einfaches Konzept, es hat zahlreiche Facetten und Assoziationen. In der Forschung wird häufig – in der Folge der klassisch-römischen Prägung der Muße vor allem bei Cicero – zuerst eine äußerlich gefasste Muße im Sinne des ländlichen Rückzugs (vor allem nach Cassiciacum) in den Blick genommen. Das aber entspricht nur einem Aspekt. Unbeachtet bleiben dagegen oft wichtige Unterscheidungen, etwa zwischen einer trägen Muße *(otium desidiae)* und einer Muße des Denkens *(otium cogitationis)*, die bei Augustinus eine wichtige konzeptionelle Entwicklung festhalten. Gute Muße unterscheidet sich von schlechter Muße demnach dadurch, dass sie den, der sie hat, den denkenden Menschen also, in seinem Denken ein Stück weit über Raum und Zeit erhebt, was wieder einmal an Aristoteles erinnert.

‚Handelt in Muße und erkennt, dass ich der Herr bin.' Nicht die Muße der Trägheit ist gemeint, sondern die Muße des Nachdenkens, die der Räume und Zeiten ledig ist! Denn die sich aufblähenden und vorüberhuschenden Phantasiegebilde lassen es nicht zum Schauen der standhaften Einheit kommen. Die Räume reichen uns dar, was wir lieben sollen, die Zeiten reißen uns weg, was wir liebgewonnen haben, lassen in der Seele Haufen von Phantasiebildern zurück und jagen mit unserer Begierde von einem zum anderen. So wird unser Geist ruhelos und sorgenvoll und trachtet vergeblich danach, das zu besitzen, von dem es besessen ist. Darum wird er zur Muße gerufen, das heißt nicht länger zu lieben, was man nicht ohne Mühsal lieben kann. Denn

aus interdisziplinären Perspektiven (Otium 20), hg. v. Monika Fludernik/ Thomas Jürgasch, Tübingen 2021, 57–76.

dann wird dieses beherrscht werden und er [der Geist] wird nicht besessen werden, sondern es besitzen. (Augustinus, De vera religione 65)[15]

Am Beginn des Zitats mag die imperativische Aufforderung, in Muße zu handeln, stutzen lassen. Ist die Muße nicht etwas, das gegen das Handeln steht und bezeichnet sie nicht eine gewisse Ruhe und ein Nicht-Handeln? Für Augustinus geht Handeln, *actio*, und Muße, *otium*, durchaus zusammen, weil Muße einen Modus der Hinwendung zu jenem Göttlichen beschreibt, von dem her Raum und Zeit – und mit ihnen alles Geschaffene – ist. Diese Hinwendung kann in Denken und Handeln gleichermaßen erfolgen. Beide sind zusammenzudenken, insofern sie zwei Möglichkeiten der Annäherung an einen gemeinsamen Zielpunkt darstellen. So ist auch der Begriff der Liebe für Augustinus wichtig. In ihm nämlich heben sich Denken und Handeln auf, wesentlich ist der Modus, die innere Form der Theorie- oder Praxis-Verwirklichung. Es ist naheliegend, dass das Ziel des rechten Strebens in der Gegenwart Gottes besteht, die als ein Erfüllen der Liebe des Strebenden erst in der jenseitigen Ruhe *(quies)* bzw. Frieden *(pax)*, nicht schon in der diesseitigen Muße erlangt wird. Die Ruhe ist charakteristisch für „Gott und jene[n] vollkommenen Endzustand in ihm", die Muße hingegen ist eine Eigenschaft des Menschen, „der sich aus den diesseitigen Bedingtheiten aufrichtet, sich erhebt in der Hinwendung zu Gott"[16].

Das Ziel der göttlichen Gegenwart kann der Mensch in der geschöpflichen Welt nicht erlangen, er hat keinerlei Ge-

---

[15] Zur Übersetzung, Diskussion und Varianten, vgl. Kirchner, *Dem Göttlichen ganz nah*, 267–277.
[16] Kirchner, *Dem Göttlichen ganz nah,* 272.

walt über Zeit und Raum, sondern wird in diese (mit Heidegger gesprochen) geworfen, wird von den Zeiten mitgerissen, bleibt immerzu ruhelos und ortlos. Kant wird später bemerken, dass Zeit und Raum unhintergehbare Voraussetzungen menschlicher Erkenntnis und also auch des Denkens sind. Für Augustinus ist diese Bedingtheit durch das *absolutum* Gottes nicht das letzte Wort. Die diesseitige Muße, die nicht in der Trägheit verklingt, sondern das Denken auf Gott hin zieht, schenkt dem Menschen einen Vorgeschmack der jenseitigen Heilslandschaft und erhebt ihn wenigstens ein Stück weit über Raum und Zeit, wie ja der Gegenstand des Denkens selbst auch nicht durch Raum und Zeit gebunden ist. Dennoch bleibt der Mensch auch in der tätigen Muße des Denkens noch der *Wirk*-lichkeit von Raum und Zeit verhaftet. Mag der Geist sich auf das Höhere, Über-Zeitliche, Ewige, und das Über-Räumliche, Unkörperliche richten, von dem her er sich geschaffen glaubt, denkt er doch unweigerlich in der Zeit und in einem bestimmten Raum. Anders: Mit dem Geist auch in den höchsten Höhen weilend bleibt er doch mit den Füßen im sumpfigen Grund der konkreten raumzeitlichen Wirklichkeit.

Nun zeigt sich, inwiefern auch im Konzept des Augustinus Muße als Grenze hervortritt. Die grundlegende Unterscheidung von einer nur trägen Muße (Müßiggang) als eine unbestimmte, plumpe Passivität und einer Muße des Denkens als eine auf Gott gerichtete Aktivität ist mehr als eine Kippfigur. Muße ist nicht bloß eine Zeit-Quantität für eine Erfahrung ohne qualitative Fassung. Ihre Potentialität wird im denkenden Handeln realisiert. Nicht die Muße selbst ist positiv oder negativ. Ihren Wert gewinnt die Muße durch den Wert des Relationsobjektes der Muße. Der

Anspruch an eine gelingende, sinnvoll gefüllte Muße wird im christlich-theologischen Kontext formuliert – die Antwort, wann die Muße sinnvoll erfüllt wird, ist insofern hermeneutisch naheliegend: Gott ist in diesem Konzept jener Relationspunkt des Denkens, der die Muße, wenn sich das Denken auf ihn richtet, gelingen oder, wenn es sich von ihm abzieht, scheitern lässt.

Die rechte Muße, das *otium cogitationis*, ist also die Hinwendung zu Gott. Es wird gleichfalls aktivisch begriffen, Denken ist hier nicht (in einem neuzeitlichen Sinne) „stumpfe" Theorie, sondern Erfüllung menschlichen Vermögens. „Dies ist das Tun des rechten Weges, welches das Auge immer auf den Herrn gerichtet hält. […] Solches Tun zerbricht nicht an der Unmuße noch erstarrt es in der Muße."[17]

Augustinus sieht, dass die denkende Muße sich und damit den Menschen über räumliche und zeitliche Bedingtheit ein Stück weit erhebt. In jedem Menschen sind demnach Martha und auch Maria, die beiden Schwestern aus Lk 10,38–42,[18] zu finden. Der biblisch augenscheinlich verbürgten Bevorzugung des Kontemplationshandelns der Maria, die Ambrosius in seiner Betonung des aktiven,

---

[17] Augustinus, *Epistola* 48.

[18] In der bekannten Perikope wird berichtet, wie Maria Jesus zu Füßen sitzt und lauscht, während Martha sich um die häuslichen Besorgungen kümmert. Verärgert über ihre scheinbar faule Schwester bittet Martha Jesus darum, Maria zu sagen, dass sie ihr helfen solle, worauf Jesus erwidert: „Marta, Marta, du machst dir viele Sorgen und Mühen. Aber nur eines ist notwendig. Maria hat den guten Teil gewählt, der wird ihr nicht genommen werden." Die Interpretation ist vielfältig, aber es lässt sich sagen, dass die Frucht des Denkens, das aktiv-kontemplative Hören, von Jesus als wesentlich gesehen wird – als eine Form des Dienens, die wesentlicher ist als der bloß äußerliche Dienst.

äußeren Handelns in der Welt noch argumentativ umzudeuten versuchte, folgt Augustinus, wenn er die Innerlichkeit zum zentralen Aspekt der Muße macht: Der Mensch wendet sich in seinem Denken Gott zu und ‚erkennt, dass er der Herr ist'. Die *Erkenntnishandlung*, eine Wendung, die, wenngleich sie unmittelbar Augustinus folgt, paradox scheint, ist das Zentrum der gelingenden Muße. Dass Gott der Herr ist, bedeutet, dass er der Schöpfer von allem ist – und also zuallererst von Raum und Zeit. In der Zuwendung des Denkens zu ihm werden Raum und Zeit keineswegs aufgehoben, aber doch relativiert, d. h. in ihr rechtes Verhältnis gesetzt.

Der Mensch bezieht sich auf Gott, der jenseits von Raum und Zeit ist, und erkennt so auch, dass Raum und Zeit nicht das letzte Wort sprechen. Das bleibt eschatologisch offen, die Muße, nicht die wahre Ruhe und der vollkommene Frieden, ist das dem Menschen unter den Bedingungen der Welt höchstmögliche Ziel. Sie bildet die Grenze, an welcher der Mensch einen Blick auf die jenseitige Erlösung als Heilsverheißung wirft, die aber noch nicht unter den Bedingungen von Zeit und Raum erfüllt ist. So gleicht die Muße dem schillernden Streif am Horizont, der den Morgen ankündigt, aber selbst noch nicht Morgen ist.

Martha und Maria – die beiden so ungleichen Schwestern haben in der Tradition zahlreiche Interpretationen erfahren. Empörend für die einen die unbekümmerte ‚Faulheit' der Maria, blind für die anderen der kümmerliche Aktionismus der Martha. Und die jesuanische Zurechtweisung scheint nun eindeutig für Maria und gegen Martha zu sprechen – oder nicht? In der Tradition war es diese vermeintliche Eindeutigkeit, die Maria als die Personifikation der *vita contemplativa*, Martha dagegen als jene der *vita activa* erscheinen ließ. In der paradigmatischen Überzeichnung erscheinen sie dann als Innerlichkeit und Äußerlichkeit. Doch neben der rastlosen Arbeit ist ein wesentlicher Teil der Praxis der Martha auch die aufgebrachte Kritik an ihrer Schwester, die sie mit allen Aufgaben und scheinbaren Notwendigkeiten allein lasse, während sie es sich zu Füßen des Meisters bequem mache. Dagegen findet sich kein Hinweis auf eine Beschwerde der Maria über die Unruhe und Getriebenheit ihrer Schwester. Sie lässt Martha die Freiheit, für sich selbst zu entscheiden und entsprechend selbstverantwortet ihre Zeit zu gestalten, ohne sie zwingen zu wollen, es ihr gleich zu tun. „Maria hat das Bessere gewählt" – mit dem Hinweis auf die Wahl klingt die Freiheit an. So ist es auch die Freiheit, für die Jesus Partei ergreift. Maria und Martha sind nicht einfach holzschnittartige Personifikationen eines Konfliktes zwischen *vita contemplativa* und *vita activa*. Maria arbeitet sehr wohl, wie sich auch in der Schrift lesen lässt. Martha ist ihrerseits zu anderer Zeit sehr wohl dem Herrn zugewandt. Beide sind also im Größeren betrachtet jeweils Vertreterinnen eines *vita mixta* – überhaupt ist keine Kontemplation jemals so vollendet, dass sie nicht auf die Tätigkeit angewiesen wäre und erst aus ihr heraus erwachsen könnte. Auch die zur Lebensform avancierte Kontemplation hält in sich Aktivität und Arbeit vor; auch die zur Lebensform geronnene Aktivität fordert das Feiern, den Sonntag, die Andacht, das Gebet, das Gedenken, den Abstand von des Alltags Last – zahlreiche Keime der Muße. „Der Mensch lebt nicht vom Brot *allein*." (Dtn 8,3; Mt 4,4)

Gegen die Superdominanz von Arbeit und Produktivität hält die Religion wie die Muße *das Andere* im Leben und Denken. Wo Mühe Aufmerksamkeit raubt und Arbeit keinen Raum lässt, mahnen sie, sich darin nicht zu verlieren, den Blick zu heben auf den weiteren Horizont. Wie bei Maria und Martha ist wichtig, dass die Überzeichnung nur mehr Korrektiv zur vorherrschenden Wirklichkeit, nicht Plädoyer für die Abschaffung von Geschäftigkeit und Arbeit insgesamt ist. Der ausschließliche Fokus auf eine der beiden Formen bzw. Gestalten, überhaupt das Separieren beider Praxisformen auf zwei Figuren und deren systematisierende Abgrenzung in der Tradition bergen die Gefahr, aus dem Blick zu verlieren, dass es sich hier um aufeinander verwiesene Aspekte des Lebens und also voneinander abhängige Seiten des Daseins handelt. Keine Seite kann gänzlich ohne die andere auskommen. Allerdings: Während das aktive Leben, die Arbeit, die politische Betätigung etc. ihr Ziel nicht allein in sich selbst haben – Mühe und Anstrengung entspringen einer Notwendigkeit oder einem Wunsch, die ein Streben nach etwas anderem bedeuten –, geht es in der theoretisch-kontemplativen Praxis mehr um die Ankunft in der Gegenwart selbst. Vor diesem Hintergrund, der auch mit der Frage nach Unfreiheit und Freiheit zusammenhängt, ist oft eine hierarchische Ordnung beider begründet worden.

Der Blick der Religion offenbart: In der durch die Muße zu ahnenden göttlichen Heilslandschaft hat der Mensch seine einstige Heimat. Gott, Inbegriff der Vollkommenheit, die keine Bewegung, d.h. Veränderung braucht, will er nahen. Die Muße bildet die Schwelle zu diesem Heil, das in der Gegenwart aufscheint, doch ist sie nicht schon identisch mit der vollkommenen und erst eschatologisch möglichen Ruhe. Doch nur der vollkommenen Ruhe eignet ein vollkommenes Genießen *(fruitio dei)*, auch in der emphatischen Muße werden die Dinge der Welt gebraucht *(uti)*, allerdings in einem ersten Genuss göttlicher Gegenwart. So lässt sich die Muße (für Augustinus) als Grenze zwischen Gebrauch und Genießen beschreiben.

Aus der Sicht der Religion kann sich so die Bedeutung der Muße und deren Ort verschieben. Sie findet nicht nur in sozial-politischen Kontexten, sondern auch in Hinsicht auf die individuelle oder kollektive Zuwendung zum jeweiligen Zielpunkt der Religionen ihren Ort. Gott als universale transzendente Bezugsgröße, der seinerseits durch verschiedene Offenbarungsformen in Beziehung zu den Menschen tritt, gewinnt als Zielpunkt menschlicher Sehnsucht eminente Bedeutung für die Muße. ‚Unruhig ist unser Herz, bis es Ruhe findet in Dir, mein Herr!'[19] Die Muße zeigt sich als Grenze unschärfer, je näher wir herantreten. Zwischen widersprüchlichen Zeitlogiken und Raumerfahrungen markiert sie das beginnende Andere der Zeit, das noch nicht Gegenüber der Zeit, aber doch auch nicht mehr Knecht derselben ist. Hier steht der Mensch in der Welt und blickt doch über sie hinaus, transgrediert Raum und Zeit, ohne sie ganz lassen zu können. Das ist der Mensch, dieses seltsame Wesen: ‚Mit den Füßen im Schlamm, mit dem Kopf in den Sternen'.[20]

---

[19] Augustinus, *Confessiones* 1,1.
[20] Vgl. auch Boethius, *Consolatio* IV,4,99–102.

Askese und lebendige Gegenwart

> Die Herrlichkeit der Welt ist immer adäquat
> der Herrlichkeit des Geistes, der sie betrachtet.
> Der Gute findet hier sein Paradies,
> der Schlechte genießt schon hier seine Hölle.[1]

Die Muße ist sich selbst genug. Sie will nicht mehr als das, was sie gerade ist und hat; sie freut sich an sich selbst. Diese Selbstgenügsamkeit ist ein wesentlicher Aspekt der Muße, der sie von der Freizeit und den Vergnügungen, die der Lust, der Erholung und Entspannung verpflichtet sind, absetzt. Die Grenze zwischen Freizeit und Muße ist allerdings, trotz der theoretischen Klarheit, in der Wirklichkeit nicht immer eindeutig. Dennoch bleibt, dass, was Muße heißen soll, nicht *will*, sondern *hat*. Während der Wille auf etwas ausgreift, das nicht (vollständig) gegenwärtig ist, ist das Haben (analog zum Sein) Gegenwartsbezug. Die Gegenwart reicht der Muße nicht nur, sie findet hier Heimat. Gegenwart ist Ruhe, Denken und Handeln finden ihre beschauliche Mitte, Vergangenheit und Zukunft treten allenfalls ohne Sorge und Angst in den Blick. Gegenwart und Ruhe gründen im Menschen, der sie darum auch in mußeaversen Kontexten immer wieder sucht. Raum und Zeit,

---

[1] Heinrich Heine, *Werke und Briefe in zehn Bänden*, Bd. 7, hg. v. Hans Kaufmann, 2. Aufl., Berlin/Weimar 1972, 386.

Werden und Vergehen, können in der Muße zu einer erhebenden Ruhe kommen. Zeitliches und Räumliches haben in diesem Moment der erlebten Freiheit weniger Bedeutung, möge es auch als Gegenstand der geistigen Betrachtung und des ästhetischen Genusses eine Rolle spielen. *Die Muße hat ihren Grund in der Gegenwart.* Hier hat sie ihren Ort, von dem aus sie ihren Blick und ihre Gedanken schweifen lassen oder auch konzentrieren kann.

Die Gegenwart ist die wesentliche Zeitdimension der Muße. Sie erfordert einen Abstand zu sorgen-, leid- und planvollen Zeitbezügen. Dieser Abstand in der Einkehr der Gegenwart kann sich in Selbstzurücknahme und Verzicht zeigen. Der Verzicht, wie er auch in den Religionen in unterschiedlicher Form geübt wird, lehnt Zeitliches und Räumliches nicht einfach ab. Es geht ihm nicht um eine Leugnung der Welt, um eine Evasion, eine Flucht oder Verachtung. Die Beobachtenden mögen diesen Eindruck schnell gewinnen und auch klassische Deutungen sehen hier Weltverneinung.[2] In der Innensicht der Religionen spielt dagegen gerade auch die emphatische Hinwendung zur Welt eine entscheidende Rolle.

Die Frage kann nicht lauten: Ist die Muße ein Zielzustand, den die Religionen anstreben? Das übergeordnete, höhere Ziel der Religionen ist kein innerweltlicher Zustand, keine weltimmanent gebettete, sich selbst genügende

---

[2] Ein wirkmächtiges Beispiel dafür ist Max Weber, „Zwischenbetrachtungen. Richtungen und Stufen religiöser Weltablehnung", in: *Max Weber. Studienausgabe der Gesamtausgabe*, Bd. 19 (Die Wirtschaftsethik der Weltreligionen. Konfuzianismus und Taoismus. Schriften 1915–1920), hg. v. Helwig Schmidt-Glintzer, in Zusammenarbeit m. Petra Kolonko, Tübingen 1991, 209–234. Weber unterscheidet dort Askese und Mystik als Haupttypen der Weltverneinung.

Zufriedenheit. Gleichzeitig wäre es zu einfach, Religionen eine pauschale Weltverachtung zu unterstellen. Der scharfe Dualismus von Transzendenz und Immanenz erweist sich als überholt, weil er eine metaphysische Ordnung voraussetzt, die die Welt nicht als göttliche Schöpfung, sondern als gefährliches Trugbild sah. Welt als Schöpfung zu begreifen, heißt auch, sie als gottgewollt, als dasjenige zu sehen, was seinen Grund und Anfang im Urgrund und Anfang aller Wirklichkeit hat. „Gott hat die Welt so sehr geliebt, dass er seinen einzigen Sohn hingab." (Joh 3,16)

In den heute noch existierenden monotheistischen Religionen ist die Welt als Gottes Schöpfungswerk zu achten und wertzuschätzen. Die Haltung des Gläubigen zur Welt folgt der religiösen Deutung dieses Verhältnisses von Transzendenz und Immanenz. Wo die Religion – wie etwa in der spätantiken Gnosis – die Transzendenz nicht als Essenz der Welt begreift, sondern viel eher als deren Gegensatz,[3] mag die Weltflucht konsequent sein. Der dieser Deutung zugrundeliegende (antike) Dualismus hat in den meisten Religionen heute keine Geltung, wenngleich er auch vereinzelt in antiquierten Theologien wieder durchzuschlagen scheint. Wie widersinnig ist es, wenn einer das zu fliehen suchte, was aus der Hand dessen kommt, dem er zuzustreben scheint und aus dessen Hand er sich Heil verspricht? Widersinnig wäre eine Weltflucht nicht allein vor dem Hintergrund der Schöpfungswirklichkeit, sondern auch aufgrund des Wissens um die göttliche Gegenwart.

Dass Verzicht als Flucht gedeutet wird, ist allerdings eine naheliegende Beschreibung der Beobachtung: Ein Mensch

---

[3] Vgl. Christoph Elsas, *Neuplatonische und gnostische Weltablehnung in der Schule Plotins* (Religionsgeschichtliche Versuche und Vorarbeiten 34), Berlin/New York 1975, bspw. 238.

nimmt von bestimmten zeitlichen und räumlichen Dingen Abstand, verzichtet zeitweilig auf Essen und Trinken, Konsum und Arbeit sowie körperliches Tun überhaupt. Was also will der Verzicht, wenn nicht die Flucht dessen, worauf er verzichtet? Anders: Was ist mit diesem Abstand gewonnen? In der verbreiteten Lesart der Askese wird der Verzicht und also die „negative Beschränkung" als „Mittel der Vervollkommnung" gedeutet, ist also „kein Selbstzweck", sondern bezweckt eine „positive Ausrichtung bzw. Intentionalisierung"[4]. Damit wären Askese und Verzicht also Hilfsmittel, derer man sich um eines höheren Zieles wegen bediente. Für zahlreiche Asketen der Geschichte mag das auch mehr oder minder zutreffen, doch soll dieses Verständnis hier durch eine alternative Interpretation ergänzt werden, die den Verzicht selbst als einen Gewinn begreift. Es mag irritieren, von Gewinn zu sprechen, weil dieser Begriff in unserer ökonomisch dominierten Sprachkultur ein vor allem finanzielles oder materielles Mehr bezeichnet; doch gibt es auch andere Formen des Gewinns, die immateriell sind. Askese, die systematische Kultur des Verzichts und also des Weniger kann zugleich auch ein Mehr bieten, nämlich vor allem ein Mehr an Gegenwart, die mit der gewonnenen Freiheit einhergeht.

Der Abstand zur Welt eröffnet einen Raum der Gegenwart in der Welt um der Welt willen. Hier mag man stutzen, da doch das erklärte Ziel gerade nicht die Welt, sondern bspw. das „Reich Gottes" sein soll, um dessen Kommen man bittet und dessen Nahen man vor dem Hintergrund der eigenen Endlichkeit gedenkt: „Bedenke Mensch, Staub

---

[4] Christian Hornung, *Monachus et sacerdos. Asketische Konzeptualisierungen des Klerus im antiken Christentum* (Vigiliae Christianae. Supplements 157), Leiden 2020, 10.

bist du und zu Staub kehrst du zurück!" (Gen 3,19); „Kehrt um und glaubt an das Evangelium!" (Mk 1,15) Der Verzicht und die Askese wollen Nähe, nicht Distanz. Sie zielen auf eine größere Nähe zu dem, den sie als Grund aller Wirklichkeit einsehen und voraussetzen, sie sind Hinwendung, nicht Abwendung, doch die Hinwendung führt in der Konsequenz zu einem Abstand zu dem, dem man sich nicht eigens zuwendet. Die Hinwendung zum Grund der Wirklichkeit und damit zum ‚Reich Gottes' kommt nicht ohne diese zweite Wendung aus: „Das Reich Gottes ist mitten unter euch." (Lk 17,21) Nicht etwa „ist angebrochen" oder „kommt bald" – das Präsens artikuliert das Ziel religiösen Handelns in der Gegenwart selbst.

Der Verzicht ist Gewinn an Gegenwart, die sich nicht in der Materialität der Welt verliert, die ihrerseits mehr Vergangenheit oder Zukunft, Sorge also ist. Worauf sich in diesem Sinne verzichten lässt, ist all das, was die Wahrnehmung und den Geist von der Gegenwart fortzieht. Besitz ist Sorge, weil er Pflege und Aufmerksamkeit, Zeit und Kraft fordert. Die Welt als Schöpfung ist ihrerseits nicht das, was verloren werden kann, ist nicht das, was wir haben und besitzen. Schöpfung ist die Welt gerade dadurch, dass wir unser Unvermögen einsehen und ihren Grund nicht in uns wissen. Wir können und sollen die Welt formen – der alttestamentliche Auftrag „und macht sie euch untertan" (Gen 1,28) scheint brutal formuliert und Provokation für den angesichts der drohenden Klimakatastrophe erschaudernden Menschen.

Die Welt als Schöpfung zu deuten heißt gerade nicht, dass der Mensch sich selbst damit aus der Verantwortung nimmt, in ihr sorgsam zu handeln; im Gegenteil: Wo Welt als Schöpfung gilt, gilt der Mensch als das exponierte Geschöpf, dem nachdrücklich zuvorderst die Pflicht des rechten, wertschätzenden und erhaltenden Gebrauchs der Schöpfung, der Welt zukommt. Der religiöse Mensch erkennt: Die Welt ist nicht menschliche Schöpfung und der Mensch ist nicht der Grund seiner Existenz. Umso mehr sind die Handelnden aus der Sicht der Religion daher in der Pflicht des verantwortungsvollen Umgangs mit dieser Welt und allem und allen in ihr. Schon deswegen ist eine pauschale Gleichsetzung von Religionen mit Weltablehnung irreführend. Es zeigt sich oft, dass sie keine Gleichgültigkeit oder auch Abscheu gegenüber der Welt wollen und sogar eine gesteigerte Weltzuwendung nach sich ziehen – nicht allein durch Handeln, sondern auch durch Gebet und Kontemplation.

Auch der Weltflüchtling wird niemals aus seiner Verantwortung für die Welt entlassen. Die elaborierten ethischen Konzepte der Religionen zeugen von einer gesteigerten Verantwortung des Gläubigen gegenüber Welt, Leben und Mitmensch. Selbst da, wo die Welt als *Maya* (sanskr., Täuschung, Illusion, Schein) gilt, geht es um die Überwindung der Nicht-Erkenntnis *(Avidya)* durch die Erkenntnis *(Vidya)* in der Welt, d. h. in Raum und Zeit, und also auch um die Entwicklung der damit verbundenen Tugenden in der Welt.

Askese ist gleichsam die Lebensform, in der sich der Mensch auf seine Geschöpflichkeit, seinen Grund und sein Ziel besinnt, sich hinwendet zu dem, was ihm als Prinzip und Supremat gilt. Diejenigen, die dieser Lebensform folgen, wählen sie idealiter nicht der sozialen Distinktion wegen. Die inszenierte ‚sichtbare Differenzierung', die in einer spezifischen Umwelt auch mit Privilegien, Status,

Führungsanspruch, Standesdünkel etc. zusammenfällt[5], spielte und spielt in der komplexen sozialen Wirklichkeit zweifellos eine Rolle; wo sie den eigentlichen Zweck der Askese bildet und diese zuallererst also zu einem Instrument der sozialen Distinktion und der Selbstdarstellung degeneriert, bleibt sie Schauspiel.

Wenn wir Askese als Wille nach Mehr begreifen, scheint das mit dem eingangs vorgestellten Begriff von Askese als ‚verkörperlichte Selbstgenügsamkeit' zu konfligieren. Wie also? Genügt sich die Askese in dem wenigen absolut Notwendigen und macht den Verzicht selbst zu einer Lebensform? In einer Steigerung dieser Denkbewegung will sie idealiter selbst das Wollen nicht mehr, das Unrast bedeutet, weil es ein sehnender Ausgriff auf ein Werden und Streben bleibt. Die Religionen lehren immer wieder, Gottes Willen zu tun – das gilt für jüdische Gläubige, deren Auftrag ja gerade die Verwirklichung des göttlichen Willens auf der Erde ist, wie für christliche, die an zentraler Stelle zu beten gelehrt werden: „nicht mein, sondern dein Wille geschehe", und auch für muslimische[6] und jene vieler weiterer Religionen. Sie formulieren eine weitgehende Selbstzurücknahme des eigenen Willens. Wie passt das

---

[5] Vgl. exemplarisch in Hinsicht auf die Zeit der Konsolidierung des Christentums in der Spätantike Hornung, *Monachus et sacerdos*. Er bemerkt (232): „Enthaltsamkeit und Verzicht sind die äußeren Merkmale, die den Klerus sichtbar von den anderen Christgläubigen differenzieren sollen. Eine schärfere Abgrenzung und Hierarchisierung werden intendiert […]."

[6] Auch für den Islam, den man (bspw. auch wieder mit Ahmad Milad Karimi, *Hingabe. Grundfragen der systematisch-islamischen Theologie*, 2. Aufl., Freiburg im Breisgau/Berlin/Wien 2015) als Religion der Hingabe verstehen darf, gilt: „Ein Diener zu sein bedeutet, den eigenen Willen hintanzusetzen und demütig und bescheiden zu sein." (Husayn al-Sulami, Futuwwah).

zum Verständnis der Askese als Streben nach dem Mehr? Der scheinbare Widerspruch hängt an der Eigentümlichkeit des Wollens.

Der Wille bestimmt zum einen die Strebensrichtung der wollenden Person. Mit dem Willen greift der Mensch aus auf das, was er nicht hat oder zu haben glaubt, denn hätte er es, erschöpfte sich der darauf gerichtete Wille. Der Wille impliziert insofern immer auch das Wollen der Gegenwart von etwas, das nicht mehr oder noch nicht ist. Er bestimmt das Verhältnis zur Zeit, weil er einem Mangel in der Gegenwart durch das Streben zu dem, was sein soll (oder auch einmal war) entwächst, sich damit nicht in der Gegenwart hält, sondern Zukunft will. Nur die Gegenwart aber *ist*. Hier nun zeigt sich ein Mehr in der Askese: Sie birgt eine mit dem Verzicht geschenkte Gegenwart. Indem sie zahlreiche Ablenkungen, das materiale Schmuckwerk, vor die Tür stellt, das Innen frei räumt, befreit sie Askese-Treibende von dem, was Denken und Handeln aus dieser Gegenwart herauszieht und bindet. Sie schenkt freien Raum für das, was in diese Gegenwart einfällt. Die *Freiheit von* wird zu einer *Freiheit zu*, doch die Freiheit ist nicht einfach eine bloß negativ bestimmte Leere; für Religionen sind diese Freiräume Möglichkeitsräume, in deren Mitte die Gegenwart erst Platz finden kann, wo wir ihr diesen Platz frei- bzw. ein-*räumen*. Dazu ist der Mensch gefordert, diesen Platz zu schaffen und sich dazu freizuhalten von anderen Raum einnehmenden Bindungen. Wo er in diesem Sinne handelt, ist der asketische Mensch im Wortsinn ein Übender, bedient sich der oftmals vor allem körperlichen Praxis des Lassens, die aber nicht einfach ein müßiggängerisches Nicht-Handeln ist, sondern selbst Handlung, weil sie eine bewusste *actio* des Abstehens ist.

Der Verzicht und noch mehr die Askese, „die […] der Wahrung innerer Freiheit durch das Halten der Distanz zu den Dingen sowie der Ruhe und dem Schweigen den notwendigen Daseinsraum gewährt"[7], sind unablässige Aktivität. Die „kritische Distanz zur Welt […] ermöglicht dem Menschen den Überblick über das Ganze. Der Überblick richtet sich aber nicht nur auf die Welt draußen, sondern auch auf den Blickenden selbst"[8]. Der Abstand, den der Mensch einnimmt, gilt nicht allein auf die materiale Welt hin. Wichtiger und folgenreicher noch ist der Abstand, den der Mensch hier zu sich selbst gewinnt – und durch den er doch, so die wieder paradox scheinende Logik, nur mehr zu sich kommt.

Wo muslimische Menschen im Ramadan von Sonnenaufgang bis Sonnenuntergang fasten, christliche Gläubige die vierzigtägige Fastenzeit unter Verzicht zubringen, da geben sie Raum, nehmen Abstand vom müßigen Getriebe und Tun und geben jener Gegenwart Raum, die, so ihr Glaube, alles hält und trägt. Damit hat die Zeit des Fastens selbst Bedeutung. Diese Zeit soll nicht vertrösten, sondern anspornen zu wachem Blick und munterem Verstand; nicht der Verweis auf eine ferne Zukunft, nicht ein schläfriges Nichtstun, das sich selbst gefällt, sondern die Ankunft und der Grund in der Gegenwart selbst sind wesentliches Anliegen dieser besonderen religiösen Zeiten des Innehaltens, die Umkehr und Aufbruch beabsichtigen.

---

[7] Markus Enders, Vorwort, in: Ch'an-ho Pak, *„Wer sein Selbst verliert, wird es gewinnen". Romano Guardinis Verständnis der Person und seine Auseinandersetzung mit dem Buddhismus* (Scientia & religio 9), Freiburg/München 2010, 23.

[8] Pak, *„Wer sein Selbst verliert, wird es gewinnen"*, 318.

Einmal mehr zeigt sich die paradoxe (Sprach-)Struktur religiösen Denkens: Licht ist Schatten, Gott ist Mensch, Drei ist Einer, Abstand ist Nähe, Verlust ist Gewinn, Arm ist Reich, Schweigen ist Gebet, Leben ist Tod und Tod ist Leben. Diese und ähnliche Inversionsformeln sind nicht Utopien der Hoffnung; das verrät schon allein das Präsens der Sprache. Sie sind auch nicht allein Metaphernspiegel. In ihnen artikuliert sich die Irritation eines Ebenensprungs zwischen zwei zunächst einmal gleichrangigen Wirklichkeiten. Der Mensch, der sich ganz im unbekümmerten Materialismus zuhause weiß, wird diesen Sprung nicht machen und verstehen können, weil ihm *das Andere*, die Ebene des Geistes, ganz abgeht. Für ihn wird die Inversion immer fehlgehend und ablenkend klingen, wird immer als Gefahr oder Torheit gelten. Religiösen dagegen ist die sich in den paradoxen Formulierungen und Inversionformeln artikulierende Umwertung der grundlegendsten menschlichen Umstände und Bedingtheiten nur konsequent, weil sie aus dem Licht der zweiten Ebene heraus aufleuchtet und die Wirklichkeit transformiert.

Mit den vielfältigen Ritualisierungen treten auch existenzielle Fragen nach Grund, Weg und Ziel des Menschen in den Horizont der Aufmerksamkeit. Was bindet uns und hält uns gefangen? Was bedeutet diese Unfreiheit für uns? Wie lässt sich Freiheit gewinnen und was hat für uns Bedeutung? Die Zeiten des Verzichtes und der Askese sind darum religiös auch eine Zeit besonderer Rituale und Festlichkeit. Sie begleiten und leiten das aktive Zurückstehen von bestimmten Handlungen und Materialitäten, möchten diese Zeiten aber ihrerseits nicht einfach füllen, sondern in Wort und Werk, in Ritus und Ruhe den Gläubigen Grund, Kraft und Halt geben.

Das Mehr an Zeit, das mit dem Verzicht einhergeht, kann und soll gerade auch unserem Weltverhältnis fruchtbar und zuträglich sein. Distanzlose Nähe gilt als Selbstverlust, Abstand dagegen schafft eine gesunde Nähe, aus der heraus ein Weltverhältnis erwachsen kann, das mehr ist als blinder Konsum und maßlose Gier. Gleichwohl ist dieses Weltverhältnis auch ein Gottesverhältnis. Die Gegenwart, die im Verzicht gewonnen wird, kann für Religiöse Gottesraum sein. Die Transzendenz tritt dann an die Stelle der materialen Immanenz und hebt den Blick des Menschen auf den Horizont hin – nicht, weil es dahin zu eilen gelte, sondern damit der Mensch sich aufrecht halte und den Horizont in sich und seiner Gegenwart wachhalte. Sich selbst genug erkennt der Mensch in diesem Verzicht, dass er sich niemals ganz selbst genug ist.

Die Gegenwart ist nichts, über das der Mensch verfügt und das sich einstellt, wann immer er es will. Gegenwart ist, wo sie gelingt, Geschenk. Wir verfügen nicht über sie, sondern können uns ihr nur eben öffnen und gelassen überlassen. Die vielleicht antiquiert scheinende und oft auch schwierige Rede vom Opfer erscheint vor diesem Hintergrund wie eine entschiedene und gesteigerte Form der Gabe, die auch Selbstgabe sein kann. Wo sich der Mensch ganz der Gegenwart gibt, sich einlässt auf das, was ist, ohne Zaudern und Sehnen, da kann die Hingabe an die unverfügbare Gegenwart, ein Lassen von allem Wollen, eine tiefe Gelassenheit hervorbringen.

Dass es mit Askese und Verzicht in den Religionen keineswegs um Weltflucht und eine Leugnung der Wirklichkeit geht, wird auch im religiösen Schrifttum belegt. „Der Mensch lebt nicht vom Brot allein." (Mt 4,4, zu Dtn 8,3) – Das Brot ist wesentliches Nahrungsmittel, aber eben nicht das, was dem Menschen Leben schenkt, und auch nicht allein das, was dieses Leben erhält. Seine Bedeutung ist unbenommen, doch: Brot allein ist nicht hinreichend zum Leben. Das Leben gründet nicht in der Sättigung durch das Brot. Der Grund des Menschen liegt außerhalb seiner selbst. Nicht das Brot macht den Menschen zum Menschen. Sein Vermögen, sich am Leben zu halten, Nahrung zu suchen oder zuzubereiten, gründet auf Voraussicht, die ihm gegeben ist.

Die Notwendigkeiten des Lebens sind nun keineswegs aus dem religiösen Blick geraten. Die Bedingtheit und Kontingenz, die der Mensch allenthalben in aller Ausgesetztheit erfährt, sind der Grund religiöser Praxis (nicht aber der Religion selbst). Sich ihnen zu stellen und ihnen zu begegnen, ist eine wesentliche Funktion religiöser Artikulationen. Dass Askese und Weltzuwendung, ja selbst Weltgenuss keinesfalls unvereinbare Gegensätze sein müssen, lässt sich in bemerkenswerter Weise an einem der großen Mystiker des 20. Jahrhunderts, dem Trappisten-Mönch Thomas Merton, einsehen. In seiner Biografie zeigen sich paradigmatisch die Brüche und Widersprüche, die das Leben des Menschen in der Welt so oft begleiten, in ganz eindrücklicher Weise. Wenngleich auch der Blick auf diesen so vielschichtigen Mann Fragment bleiben muss, lassen sich bei ihm in jedem Fall für das Argument der Weltzuwendung kostbare Gedanken finden, etwa wenn er bemerkt: „Ich trinke Bier, wo immer ich seiner habhaft werden kann. Ich liebe Bier, und allein schon deshalb: die Welt."[9] Auch für Merton befindet sich der Mensch in einer

---

[9] Zit. nach Martin Tamcke, *Im Geist des Ostens leben. Orthodoxe Spiritualität und ihre Aufnahme im Westen. Eine Einführung*, Frankfurt am Main/Leipzig 2008, 169.

Gefangenschaft, die u.a. in der unfreien Kollektivität menschlicher Gesellschaft gründet und die es ihm erschwert, zu einem Ich zu werden. Aus dieser Unfreiheit kann er sich sowohl durch ein aktives als auch durch ein kontemplatives Leben befreien. „Das kontemplative Leben ist nun nicht mehr Flucht, sondern ‚Vorstoß in die Einsamkeit und in die Wüste'. […] Nicht die Welt ist das Problem."[10] Vielmehr geht es um ein, wenn man es einmal so nennen möchte, Zu-sich-Kommen, das Ich, das in der Besinnung auf sich selbst Befreiung findet und die Welt in sich entdeckt. Die Welt zu fliehen wäre in diesem Sinne nur das, was Kierkegaard als *Wunsch, man selbst sein zu wollen* bezeichnete, der sich bei Lichte betrachtet dann paradox scheinender Weise als *Wunsch, nicht man selbst sein zu wollen*[11] entlarven ließ. Das Verhältnis des Mönches Thomas Merton zur Welt spiegelt seinerseits eine bemerkenswerte Dialektik, die sich vor allem dann zeigt, wenn es um Mensch und Welt geht. „Ich bin ein Mensch in der modernen Welt. Tatsächlich bin ich Welt, genau wie Sie! Wohin soll ich gehen, um nach der Welt Ausschau zu halten, wenn nicht zuerst in mich selbst?"[12] So ist es auch die Vereigentlichung[13], die für Merton Ziel der Bemühung werden soll.

Weitere Argumente dafür, dass Askese und Verzicht nicht mit Weltflucht, Eskapismus und Vertröstung zusammengeworfen werden dürfen, lassen sich in zahlreichen

---

[10] Tamcke, *Im Geist des Ostens leben*, 166.
[11] Sören Kierkegaard, *Die Krankheit zum Tode. Eine christliche psychologische Entwicklung zur Erbauung und Erweckung*, Kopenhagen 1849, Kap. 1.A.A.
[12] Tamcke, *Im Geist des Ostens leben*, 169.
[13] Vgl. Tamcke, *Im Geist des Ostens leben*, 170.

Bestimmungen dazu finden, wer überhaupt fasten solle und wer ausgenommen ist. Schwangere, Kranke und Alte oder Reisende – sie alle sollen ja nicht weniger Gott gedenken, doch ist vor dem Hintergrund ihrer womöglich erschwerten Lebenswirklichkeit dieses Gottesgedenken anders gefasst. Physische Einschränkungen und Anstrengungen sind ihnen bereits ohne das Fasten eigen, ein zusätzlicher Verzicht hielte sie eher noch ab von der Gotteszuwendung, weil es sie über die „Kurskorrektur" hinaus fordern und ihre Kräfte damit binden würde. Die Dispens zielt nicht auf eine Befreiung von der Gotteszuwendung, im Gegenteil.

Die rituellen Zeiten des Fastens, der Askese, werden in den Religionen zumeist durch feierliche Weisen beschlossen. Stehen diese Feste, die oft auch mit materieller Fülle, ausgiebigem Essen, festlicher Kleidung etc. verbunden sind, nicht in einem Konflikt zum Askese-Ziel der Gotteszuwendung und konterkarieren also die im Verzicht beabsichtigte Fülle der leibgeistigen Gegenwart durch einen wieder einseitigen Genuss? Die sozial geteilt, feierliche Freude – oft eine Form der geselligen Muße – ist nicht ein einseitiger Genuss materieller Speise und Güter, sondern Komplement der Fülle, die sich der Entsagung anschließt. Wo der Verzicht nicht allein ein Weniger bedeutet, ist das Fest der angemessene Abschluss, ist es die Feier der Wirklichkeit, die dem Verzicht zugrunde liegt. Die Feier ist zugleich Vorgeschmack auf die eschatologisch ausstehende große Fülle. Sie kann also als Erfüllung des Fastens gelten. Im Fest sollen ja Gotteszuwendung und -gedenken nicht zu einem Ende gelangen, sondern fortlaufen. Der feierliche Abschluss setzt außerdem dem Übermaß, das auch dem Verzicht nicht fremd ist, eine Grenze. Wo der Verzicht nicht einseitig bleibt und sich im zunehmenden Abstand von der Welt verliert, sondern zu Fülle, einem Fest des Lebens und der Gegenwart führt, konvergiert er mit der Muße.

Verzicht und Askese als ein Mehr an Gegenwart eröffnen Raum für das Gottesgedenken und damit für das Selbst des Asketen, der in sich zur Ruhe kommt. So ist zugleich ein Selbstverhältnis angesprochen, das Macht bedeutet. Der Verzichtende verfügt über sich selbst und verhält sich reflexiv-bewusst zu den Aspekten der eigenen Lebenswirklichkeit – Nahrung, Kleidung, Betragen, Sozietät etc. –, die sonst aufgrund ihrer vermeintlichen Selbstverständlichkeit der bewussten Wahrnehmung entgehen. Das gesteigerte Bewusstsein für solche Aspekte fordert Fokussierung. Heißt das nicht, dass man den zumeist materiellen Dingen, von denen man um der Freiheit und Zeit willen Abstand nehmen will, mehr Aufmerksamkeit schenkt? Führen Verzicht und Askese demnach paradoxerweise zu einer größeren Nähe zu weltimmanenten Gütern? Der Blick auf den Askese-Begriff selbst hilft, diesen vermeintlichen Selbstwiderspruch aufzulösen: *Askēsis* heißt Übung, die Einübung der Selbstbeherrschung, der Genügsamkeit und der Disziplin.

Die Übung ist, wie schon Demokrit wusste, der Pfad zur Tüchtigkeit. Sie ist für denjenigen notwendig, der sich nicht bereits durch Meisterschaft auszeichnet. Diesem hilft der bewusst-reflexive Blick auf das, worauf er im nächsten Schritt nicht mehr eigens blickt; diese Bewusstseinsübung ist Mittel, nicht aber Ziel der Tüchtigkeit. Der antike „Kynismus exerziert[e das] am Beispiel einer Macht über die Macht der Lust, die den Genuß einer höheren Macht versprach"[14]. Die Stoa bediente sich dieser Macht ihrerseits gerade im

> Otium, das mit ‚Muße' nur unzureichend zu übersetzen ist, denn in Wahrheit handelt es sich um einen Zustand der Erhabenheit über die Macht- und Habgier, anstelle der *exzessiven* um eine *asketische* Macht: Macht noch über den eigenen Machttrieb zu haben. Die Selbstmächtigkeit ist keine Selbstherrschaft oder ‚Selbstbeherrschung', vielmehr gibt es ein Spiel von Machtbeziehungen im Subjekt selbst und nicht etwa nur die einseitige, desaströse Herrschaft eines Teils des Selbst (meist des ‚reinen Denkens') über einen anderen Teil (meist die ‚unvernünftigen Begierden'). Selbstmächtigkeit ist die kluge Regierung seiner selbst im Inneren wie nach Außen hin […].[15]

Askese kann mithin als eine Selbstmächtigkeit des Menschen verstanden werden und sie zielt dementsprechend auch auf das Selbst.

Echte Erholung geschieht also gerade nicht durch Zerstreuung, sondern in Musse [sic!]. Diese ist ineins sowohl Verzicht auf Unwesentliches und Überflüssiges (= Askese), wie auch die immer wieder neue *Besinnung auf das Tun*. Aktivität allein wäre unheilvoll: Sie höhlt aus und birgt in jedem Moment den gefährlichen Keim, in Leerlauf abzugleiten.[16]

An diesem Punkt ist nochmal zu betonen, dass die Gottesbeziehung des Menschen mit der Selbstbezüglichkeit korreliert. Die Transzendenz ist nichts der Immanenz des Menschen Entgegenstehendes, ist nicht ein äußerer Bezug wie etwa zu einem Gegenstand. Hier sei auch noch einmal

---

[14] Wilhelm Schmid, „Lebenskunst als Ästhetik der Existenz", in: *Glück und Ethik*, hg. v. Joachim Schummer, Würzburg 1998, 83–91, 84.
[15] Schmid, „Lebenskunst als Ästhetik der Existenz", 84.
[16] Hans Brühweiler, *Musse (scholè). Ein Beitrag zur Klärung eines ursprünglich pädagogischen Begriffes*, Zürich 1971, 97.

an Augustinus erinnert, der die innere Einkehr des Menschen bei sich selbst herausstellte. Diese Einsicht findet sich bei zahlreichen Denkern. Angelus Silesius etwa schrieb: „Halt an, wo läufst du hin, der Himmel ist in dir: Suchst du Gott anderswo, du fehlst ihn für und für."[17] Bemerkenswert ist auch das Beispiel des Korans, der hervorhebt, dass Gott dem Menschen näher sei als dessen Halsschlagader (50,16). Solche Konzepte haben bereits im antiken Denken ihre Vorläufer. Die Geistmetaphysik etwa des Neuplatonismus, der übrigens viele christliche Denkmodelle bis heute stark prägt, sieht in der Einkehr in sich selbst eine Aufwärtsbewegung des Menschen. Erinnert sei auch an das aristotelische Konzept, in dem das vollkommene Denken des Geistes das höchste Prinzip bildet und der menschliche Geist in der *theoria* an diesem Prinzip teilhaben soll. Damit verbundene Ordnungen von Geist und Körper wurden in der Geschichte immer wieder im Sinne einer Abwertung oder auch Verachtung des Körperlichen, ja überhaupt des Stofflich-Materiellen missverstanden. Dabei wird allerdings übersehen, dass die innere Verbindung, die leibliche Verfasstheit des Menschen, stets Beachtung fand. Selbst im *Soma-sema*-Argument, das davon spricht, dass der Körper (griech. *sōma*) das Grab (griech. *sēma*) der Seele sei, möchte Sokrates vor allem für das „besonnene und mit dem jedes Mal Vorhandenen sich begnügende"[18] Leben werben.

Zweifellos stehen die Religionen oft in einer Spannung zur Welt, von der sie ein Teil sind. Sie propagieren zumeist eine Ethik und erheben – ganz allgemein – einen Anspruch auf ein bestimmtes Verstehen und Gestalten der Welt ei-

---

[17] Angelus Silesius, *Der Cherubinische Wandersmann*, I, 82.
[18] Vgl. Platon, *Gorgias* 493a2–3.

nerseits. Andererseits aber stehen sie zu den vorfindlichen Verhältnissen und Wirklichkeiten nicht einfach egalitär, sondern verweisen immer wieder über diese vorfindliche Wirklichkeit hinaus, wollen Mahnung sein, dass das, was ist, nicht das letzte Wort ist, dass es einen oder etwas gibt, das mehr ist, wirklicher ist oder auch überhaupt ist (im Gegensatz zur erscheinenden Welt, die unentwegte Veränderung, Vergänglichkeit oder gar Schein ist). Wohlgemerkt ist damit keine pauschale Ablehnung von Welt insgesamt verbunden. Im Gegenteil: Religionen sind Ausdrucksformen menschlicher Kultur in der Welt, die aber eben gleichzeitig über sie hinausweisen und sich nicht mit ihr und in ihr zufriedengeben.

Damit sind Religionen Fürsprecher einer Wirklichkeit, die sich nicht im Erscheinenden, Sichtbaren, in der Materialität oder in der Äußerlichkeit erschöpft. Sie fragen und blicken über diese hinaus, sehen mehr als das Auge. In ihrem Verhältnis zur Welt sind sie also *entschieden unentschieden*, weil sie die Welt einerseits zurückstellen, sie aber andererseits ernstnehmen – nur eben nicht *zu* ernst, d. h. ernster als ihren Grund. Damit sind die Religionen immer schon auch über diese Welt hinaus, und bleiben doch unentwegt in ihr gefangen, bleiben hier, ja haben überhaupt nur hier unter den Bedingungen der erscheinenden Welt Sinn. Die Relativierung im Sinne der Neuverortung der Welt zeigt sich sodann auch in der konkreten Praxis der Religionen. Sie bedeutet oft eine grundsätzliche Infragestellung üblicher, alltäglicher Denkmuster und Gewohnheiten.

Die zentrale Praxis der Religionen begegnet uns in den Ritualen. Diese sind gleichsam das „Herz der Religion"[19]

---

[19] Klaus Dirschauer, *Rituale. Oasen im Leben*, Bremen 2014, 9.

Askese und lebendige Gegenwart

und insofern geeignet, die Ambivalenz der Religionen noch einmal anders, auf der praktischen Ebene zu veranschaulichen. Das Ritual selbst ist einerseits eine nach einem bestimmten Muster vollzogene Handlung eines oder mehrerer Menschen zu einer bestimmten Zeit und an einem bestimmten Ort in der Welt; andererseits greift es über diese Welt hinaus, ist dem Anspruch nach eine ‚zeitweilige Entzeitlichung'. Exemplarisch zeigt sich diese Ambivalenz im christlich-theologischen Anspruch kirchlicher Liturgie, zu welcher das Zweite Vatikanische Konzil bemerkte, dass durch sie

> das Leben der Gläubigen Ausdruck und Offenbarung des Mysteriums Christi und des eigentlichen Wesens der wahren Kirche wird, der es eigen ist, zugleich göttlich und menschlich zu sein, sichtbar und mit unsichtbaren Gütern ausgestattet, voll Eifer der Tätigkeit hingegeben und doch frei für die Beschauung, in der Welt zugegen und doch unterwegs; und zwar so, daß dabei das Menschliche auf das Göttliche hingeordnet und ihm untergeordnet ist, das Sichtbare auf das Unsichtbare, die Tätigkeit auf die Beschauung, das Gegenwärtige auf die künftige Stadt, die wir suchen.[20]

Diese Hinordnung findet nach der theologischen Logik sogleich ihre erste Erfüllung: „In der irdischen Liturgie nehmen wir vorauskostend an jener himmlischen Liturgie teil, die in der heiligen Stadt Jerusalem gefeiert wird, zu der wir pilgernd unterwegs sind [...]."[21]

Schöpfung und Schöpfer, irdische und ‚überirdische' Sphäre begegnen sich in einer unmittelbaren Weise. Der Mensch steht in der Mitte dieser Begegnung, ist in der Welt und über die Welt hinaus – zugleich. Das repetitive Ritual als wiederkehrende, genau vorgegebene Handlungsabfolge

---

[20] Sacrosanctum Concilium 2.
[21] Sacrosanctum Concilium 8.

und oft auch formelhaftes Sprechen durchkreuzt die unentwegte Sukzession der Welt, die im zeitlichen Nacheinander eines Geschehens, Tuns und Interagierens besteht, das sich von der Welt her, d. h. der Umgebung, der Gesellschaft, der Familie, den Notwendigkeiten usw. bestimmt. Die Wiederholung ist eigentlich eine Form der Vergegenwärtigung,[22] der Verstetigung – das heißt: der Gegenwart. An Gegenwart allerdings, das darf als existentielle Grunderfahrung des Menschen gelten, mangelt es dem Menschen immerzu. In der Erfahrung dieses Mangels liegt ein wesentlicher Grund von Religion.[23] Die rituelle Praxis, die einer religiösen Anschauung folgt, eröffnet dem Menschen eine Gegenwart, bietet ihm Zugang zu etwas Bleibendem, Stetem. Religion ist insofern auch die Artikulation eines Mangels an Gegenwart, auf welchen die Religionen in spezifischer Weise antworten. Das Ritual biegt, so ließe sich sagen, die Zeit um. Der Mensch tritt ein in eine kleine Ewigkeit, in der kein sukzessives, offenes Handeln, keine Sorge um das Morgen und kein Leid aus alten Tagen mehr seinen Platz hat, weil hier eine andere Zeitlogik und eine vertikale Hinordnung des Menschen in den Vordergrund treten.

Diese Bemerkungen bedeuten gleichwohl nicht, dass Rituale allein in den Religionen ihren Platz haben. Diese verengende Zuschreibung wäre alltagsblind, denn die entlastende und bereichernde Funktion von Ritualen lässt sich auch außerhalb der Religionen erfahren. Doch haben sie für die Religionen eine eminente Bedeutung. Gemäß verschie-

---

[22] Vgl. Bernhard Uhde, *West-östliche Spiritualität – die inneren Wege der Weltreligionen. Eine Orientierung in 24 Grundbegriffen* (West-Östliche Weisheit 6), Freiburg 2011, 88–94.
[23] Dazu Uhde, *Gegenwart und Einheit*.

denen Ritualtheorien[24] dienen Rituale bspw. dem sozialen Kontakt und sind als kommunikatives Handeln zu verstehen.[25] Sie sichern damit auch die Gruppenbindung und ermöglichen identitätsstiftende Bestätigung. Allerdings sind religiöse Rituale ihrer eigenen Logik entsprechend nicht vollständig funktional bestimmt. Schließlich ist es wesentlicher Teil ihres Anspruchs, den Menschen zeitweilig über die Welt- und Zeitlogik sowie die innerweltliche Getriebenheit zu erheben und an *das Andere* zu gemahnen.

Religion fordert vor allem eine bestimmte Haltung der Welt (oft als Schöpfung) gegenüber. Die Welt ist in ihrer Dinglichkeit die unmittelbare Wirklichkeit und die Handlungsumgebung des Menschen, doch ist sie dem religiösen Menschen darüber hinaus auch mehr: Chiffre[26] einer erweiterten Wirklichkeit, die nur mittelbar erschlossen werden kann und sich als übergeordnete Instanz der erscheinenden Welt ausnimmt. Religionen wollen sich somit keineswegs von der Welt einfach in aller Konsequenz abkehren. Sie zielen darauf ab, sich in einer richtigen Weise mit ihr zu beschäftigen und sie zu lesen. Erlösung – wie auch immer diese in den Religionen konkret formuliert wird – ist allerdings kaum in der Welt zu finden. Doch der Weg zur Erlösung führt durch die Welt und das eigene Innen. Deshalb wollen die Religionen den Modus der Weltbetrachtung bzw. -zuwendung ändern und mehr sein als moralische Instanz.

---

[24] Vgl. dazu *Ritualtheorien. Ein einführendes Handbuch*, hg. v. Andréa Belliger/David J. Krieger, 4. Aufl., Wiesbaden 2008.

[25] Vgl. dazu Walter Burkert, *Homo necans. Interpretationen altgriechischer Opferriten und Mythen*, 2., um ein Nachwort erw. Aufl., Berlin/New York 1997, 32.

[26] Ähnlich auch Karimi, *Hingabe*, 184.

Religionsethiken gelten als restriktiv und vor allem als Verbotsethiken. Sie fordern Unterlassung, das Zurückstehen von Handlungen. Das Lassen geht allerdings mit einer Gelassenheit gegenüber der Welt einher, die Mittel zur Bewährung, ein Werkzeugkasten der Erlösung ist. Die Distanznahme zur Welt entspricht einer Abwägung, einer Re-Positionierung der Gläubigen, die nicht Ausstieg, sondern Einstieg meint. Hernach hat die Welt und alles in ihr Erscheinende eine äußere, aber eben auch eine innere Seite, und das Außen der Welt ist – wie überhaupt alles – gottgeschaffen und insofern keineswegs verachtenswert. Nur ist es als Geschaffenes nicht letztendliches Ziel menschlicher Handlungen, wohl aber deren Sphäre. Hier soll der Mensch das Innen im Außen entdecken; als ‚Gast auf Erden' kann er vom Ernst der Welt und den mit ihm verbundenen Ansprüchen zurückstehen, sich auf das Mehr besinnen, das im Innen der Welt und der Dinge lauert. Diese Wirklichkeitssphäre entzieht sich ökonomischen Zwängen und kapitalistisch-konsumistischen Mustern ebenso wie einer Weltverachtung und Gleichgültigkeit. Der gläubige Mensch weiß um die Kontingenz von Leben und Wirklichkeit, die Bedingtheit seines Daseins und die Fragilität seines Wohlergehens. Weil alles Leben wie alles Seiende Werden und Vergehen ist, das niemals ruht, das Mühen bedeutet, sucht er gerade aufgrund eines tiefen Verlangens nach Ruhe, nach Verwirklichung und Ankunft sein Heil im Innen, im Verborgenen.

Das religiöse Leben mag Außenstehenden als eine oft kompliziert wirkende Komposition von Handlungen und Ritualen erscheinen, doch lassen sie sich als eine Form des Innehaltens in der Welt begreifen. Wo der Mensch sich in die vertikale, auf Gott oder eine transzendent begriffene

Wirklichkeit ausgreifende Ordnung stellt, da wird ihm bereits ein wenig der transzendenten Ruhe zuteil und er steht durch Gebet, Meditation, Andacht etc. ‚still' im Getriebe der Welt. In diesem Sinne ruhen am Sabbat die Geschäfte; dazu ruft der Muezzin wie auch die Kirchenglocke die Gläubigen aus dem Getriebe der Welt; dazu fordert der Sonntag zu einer anderen Zeitordnung heraus, die nicht ‚funktioniert' und aufgeht in der ökonomischen Leistungslogik. Hier liegt ein wesentlicher Konnex zur Muße, die, wie die Religion, teils einer ‚Weniger ist mehr'-Logik folgt. Eine geringere Betriebsamkeit lässt der Ruhe und der Gegenwart mehr Raum, weniger materielle Vereinnahmung eröffnet Räume der inneren Fülle. Der Mensch naht dem Heil und der Erlösung durch eine bestimmte Form der Zurücknahme in der Welt. Als Menschen bleiben wir Teil dieser Welt und kommen in all unserem Streben auf Transzendenz hin nicht über sie hinaus. Wo der Mensch sich selbst ‚in der Welt, aber nicht von der Welt' weiß, gewinnt diese eine zusätzliche Dimension der Tiefe (oder Höhe), die von einer ohnmächtigen Schwere befreien und zum Handeln herausfordern kann.

Um dem Gegenstand des Glaubens im Leben Raum zu geben und sich ihm zu nähern, kann das Zurückstehen von innerweltlichen Zielen Bedeutung gewinnen. Nicht die Akkumulation von Gütern, Besitz, Anerkennung, Ruhm etc., sondern Einkehr, Innerlichkeit und Ruhe treten nach vorn. Der Glauben sucht danach, weniger im Getriebe der Welt voranzueilen und stattdessen mehr das Leben in der Verbundenheit zu jenem *Anderen* zu begreifen, das sich nicht einfach in der Welt zeigt, wenngleich diese als von ihm insgesamt abhängig geglaubt wird und er allein den Grund und Zielpunkt allen Lebens bildet. Das religiöse

Unterlassen als ein Nichthandeln, etwa am Sabbat oder Sonntag, ist aber nicht einfach ein Auslassen einer Handlung, sondern ein Modus des Handelns selbst. Nichthandelnde handeln als Gläubige gegenüber Gott und Welt, indem sie ihr Tun auf eine andere Ebene heben und ihr Innen (und damit auch Gott selbst) zum Grund ihres Handelns machen. Das Lassen des Handelns am Sonntag ist ein *Handeln anderer Ordnung.*

Wie für die Muße gilt also auch für die Religion: Sie folgt nicht den Nützlichkeitslogiken der Welt, orientiert den Menschen auf ein Mehr jenseits unmittelbarer Verwertbarkeit hin und gibt dem Bedeutung, was aus der Sicht materialistischer und in Bezug auf darüberliegende Sinnebenen radikalkritisch gesinnte Menschen vollständig unnütz ist. Natürlich läuft Religion wie auch Muße beständig Gefahr, für allzu materielle Ziele und Zwecke funktionalisiert zu werden. Offenbarungsschriften müssen interpretiert werden, ihr Inhalt erschließt sich nicht unmittelbar. Der unvermeidlich selektive, oft bedarfsgeleitete Zugriff auf das Interpretandum in den teils willkürlich scheinenden Interpretationsvorgängen zeigt sich in den unzähligen innerreligiösen Konflikten und gewaltvollen Auseinandersetzungen. Doch bleiben Religionen für den Menschen eine große Notwendigkeit, weil sie „uns zum Ursprung des Lebens zurückkehren [lassen]. Dort ist Leben etwas jenseits von Funktionalität oder Nützlichkeit; das bedeutet, dort gehen wir über unsere übliche Lebensweise hinaus, unsere gewöhnliche Seinsweise wird durchbrochen."[27]

---

[27] Keiji Nishitani, *Was ist Religion?*, vom Verfasser autorisierte deutsche Übertr. v. Dora Fischer-Barnicol, 2. Aufl., Frankfurt am Main 1986, 40.

Kein Schluss? Aspekte religiöser Hoffnung

Muße und die ihr nahen Praktiken können – dem klassischen Begriff gemäß – höchstes Glück und Erfüllung des Menschen, für Aristoteles sogar Ermöglichung der Teilhabe am Göttlichen bedeuten.[1] Die Religionen folgen dem Streben nach Glück, Erfüllung und Vervollkommnung. Was sind Religionen anderes als

> hochkomplexe Systeme der Weltorientierung, Weltanschauungen, die dem nach sich selbst suchenden Menschen den Ort anweisen und ihm so das ihn umgebende Chaos unter einer nicht mehr hintergehbaren Ordnungsperspektive zu einer bewohnbaren Welt strukturieren? Ohne den Menschen zu vergewaltigen, können sie das aber nur sein, wenn sie auf Erfahrungen gründen, in denen jede und jeder einzelne sich wiedererkennen kann. Sie müssen zugleich aber auch den Erfahrungsschatz ‚verwalten', der einer Gemeinschaft Identität verleiht; und sie müssen Möglichkeiten bereitstellen, diese Ursprungserfahrungen immer wieder zu beleben, ja zu wiederholen.[2]

Über Orientierung, Ordnung, Erfahrung und Identität ist Religion vor allem mit der Sinnfrage und -suche des Menschen verknüpft. Es kann kein Glück in der Erfahrung verzweifelnder Sinnlosigkeit und Beliebigkeit menschlichen

---

[1] Vgl. Aristoteles, *Metaphysik* XII 7 1072b; *Nikomachische Ethik* X 7 1177b.

[2] Becker, *Ursymbole in den Religionen*, 320.

Lebens geben. Die in der Religion gebotene *Kontingenzbewältigungspraxis*[3] eröffnet Sinn- und Handlungsperspektiven und setzt den Menschen, der sich für sie entscheidet, in einen Modus der sinnerfüllten Freiheit.

Diese befreiende Öffnung knüpft an eine Grunderfahrung des Mangels an. Religion ist der entschiedene Versuch einer sinngebenden Antwort auf den tief empfundenen Mangel an Gegenwart, d.h. die Erfahrung der Unbeständigkeit, die einen fortwährenden Umschlag von Zukunft in Vergangenheit bedeutet und kaum mehr als eine Ahnung von Gegenwart zulässt. Die Religion widersetzt sich dieser Erfahrung durch die Akzeptanz einer Gegenwart, die alle Vergangenheit und Zukunft als bestimmender Grund umschließt, auf dem selbst alle Unbeständigkeit aufruht.

Religion als eine Form von Gegenwart steht an der Seite der Muße, die ihrerseits gelebte Gegenwart in einem sonst oft dahingelebten Dasein ist. In seiner unverschuldeten Existenz erfährt sich der Mensch meist als ausgeliefert, hat wenig Verfügungsgewalt über die eigene Geschichte und besonders über Anfang und Ende. Aber auch sein sonstiges Leben, Denken und Fühlen, Geschick und Werden ist geprägt von zahlreichen Erfahrungen der eigenen Handlungs- und Lenkungsgrenzen. Im Bewusstsein und selbstvergewissernden Zurücktreten aus diesem unmittelbaren Erleben sowie im reflektierten Verhalten zu solcher Einsicht in die eigene Bedingtheit gründet also das, was wir Religion nennen. Hier begegnen sich die genannten Perspektiven. Die Religionen gewinnen ihre Funktion, entwickeln sich in

---

[3] Vgl. Hermann Lübbe, „Kontingenzerfahrung und Kontingenzbewältigung", in: *Kontingenz* (Poetik und Hermeneutik 17), hg. v. Edeltraut-Luise Marquard/Matthias Christen/Gerhart von Graevenitz/Odo Marquard, München 1998, 35–47.

wechselseitiger Verschränkung mit den menschlichen Kulturtraditionen. Die Religionen, erwachsen aus einer Grunderfahrung des Menschen, betreffen grundsätzlich alle Bereiche des menschlichen Lebens, die dem existenziellen menschlichen Erleben nachgeordnet sind.

Das alles sagt nichts über die Bewertung von Religionen aus. Es ist ersichtlich, dass sie heute, vor dem Hintergrund ihrer historischen Bedeutung, ihrer Verfehlungen sowie der aktuellen politischen Entwicklungen und gesellschaftlichen Funktionalisierung wie dem Erstarken fundamentalistischer und radikaler Kräfte, in Verruf geraten sind und antireligiöse bzw. antitheistische Stimmen lauter werden. Die dazu angestoßenen Debatten, die der bekannten Religionskritik an Argumenten kaum etwas hinzufügen, sie allerdings aggressiver und polemischer ins Feld schicken, sollten ernst genommen werden.

Religion ist ein wesentlicher Aspekt der menschlichen Wahrnehmungs-, Erkenntnis- und Wirksphäre und insofern in einer eigentümlichen Weise mit Fragen nach Zeitlichkeits- und Räumlichkeitskonzepten verknüpft, gerade weil der ihr eigene Gegenstand nicht allein innerzeitlich und innerweltlich aufzugehen beansprucht.

Die Muße scheint in der gesellschaftlichen Gegenwart weitestgehend in den Hintergrund getreten. Fremd und faul wirkt sie in einer Gesellschaft, die sich über Produktivität begreift. Die Bedeutung der Arbeit gewinnt dagegen erlösungsähnliche Züge. Hier hat sich seit den schweren Worten Heinrich Bettziechs von 1845 kaum etwas geändert:

Nicht der Glaube macht selig, nicht der Glaube an egoistische Pfaffen- und Adelzwecke, sondern *die Arbeit macht selig, denn die Arbeit macht frei.* Das ist nicht protestantisch oder katholisch [...], nicht liberal oder servil, das ist das allgemein menschliche

Gesetz und die Grundbedingung alles Lebens und Strebens, alles Glückes und aller Seligkeit. Die Arbeit, der Fleiß, ist die notwendige Bewegung alles Lebenden um seiner selbst willen, die Arbeit ist Selbstzweck, Selbstbetätigung, d.h. Betätigung und Genuss der Freiheit […].[4]

Arbeit mutiert zum Heilsbringer, die arbeitende Person zu einer Apostelin der Freiheit. Warum dann lassen sich in den Beschreibungen der Arbeitenden heute breit jene Motive der Verausgabung, des Zwangs, des Burnouts und der sprichwörtlichen Tretmühle, aus der man nicht ausbrechen kann, finden? Sind nicht jene Überhöhungen von Arbeit und Leistung gesellschaftliche Muster der Funktionalisierung von Menschen, die eben als Arbeitskraft zählen und in ihrem Menschsein selbst zurückstehen müssen? Unzweifelhaft hat Arbeit für viele längst eine andere, ungleich größere Bedeutung, ist nicht nur Mittel zum Zweck des Lohnerwerbs, des Wohlstandes, der gesellschaftlichen Teilhabe, der Ablenkung etc. Sie wird mit Sinn verbunden, avanciert zum Selbstzweck. Wo dies noch nicht geschieht, wird Arbeit umso nachdrücklicher mit Vokabeln der Pflicht und des Müssens gefasst; so stabilisiert sich eine Gesellschaft, die sich nicht ohne Arbeit zu denken wagt. Woher also rührt die Unrast und Ruhelosigkeit, die als Signum einer ganzen Gesellschaft gilt?[5]

   Mit der Muße tritt der Anspruch auf eine *Selbstherrschaft* des Menschen über die eigene Identität, die Freiheit von Fremdbestimmung nach vorn. Die kritische Dimension der Muße gründet in der Frage nach dem *Wozu?*, nach Sinn und Ziel. Religion kann gerade in Hinsicht auf die

---

[4] Heinrich Bettziech (Beta), *Geld und Geist. Versuch einer Sichtung und Erlösung der arbeitenden Volks-Kraft*, Berlin 1845, 57.
[5] Vgl. Konersmann, *Die Unruhe der Welt*.

Selbstherrschaft eine wichtige Rolle einnehmen, weil sie, wenn sie nicht in diesseitigen Funktionalisierungen erstickt wurde, grundsätzlich für ein Mehr an (Be-)Deutung einsteht und fremde (politische und gesellschaftliche) Ansprüche an den Menschen infrage stellt. Das mag zunächst paradox anmuten. Ist es nicht gerade die Religion, die das Andere als das Höhere und also Herrschende im Denken hält? Und ist es nicht dieses andere Herrschende, das uns mit allerlei Ansprüchen an unser Handeln und Sollen bestimmt und zwingt? Ist Religion nicht eigentlich immer wieder Rechtfertigung für Fremdbestimmung, für eine Unterordnung des Menschen unter ein höheres Gesetz oder gesellschaftliche Norm?

Das trifft unzweifelhaft mehr oder weniger auf alle institutionalisierten religiösen Ordnungen und Systeme zu, die so auch gesellschaftliche Ordnungen stabilisieren. Religion als Einsicht in Grund und Ziel des Menschen, Religion als Ahnung eines Mehr ist dagegen Fundament aller historischen Religionsinstitutionen. Sie bedarf nicht der Normierungen, die mit den Institutionalisierungen einhergehen. Das Wissen der Religion um das herrschende Prinzip einer inkommensurablen Urmacht nivelliert alle Weltmacht und relativiert jeden diesseitigen Zwang. Das Prinzip der Religion ist eben nicht das *Be*-herrschende, ist nicht Zwingmacht zum Zweck eigennütziger Interessen. Der Glaube an diese Macht setzt in der Logik der Glaubenden überhaupt frei und schenkt das Selbst, das sich in der Deutung vieler Theologien als ein Angenommenes und also mit aller Fehlerhaftigkeit und menschlichen Schwäche Bejahtes einsieht. Weil es sich als Angenommenes erfährt, kann es sich selbst annehmen und bejahen, auch wenn es immer wieder gegen den hehren moralischen Kodex der jeweiligen Religion verstoßen wird. Die Freiheit des Selbst wird durch den Glauben begründet. Wo Religion eine Logik der selbstverschuldeten materiellen Unfreiheit entwickelt – man denke bspw. an die Idee eines Wohlstandsevangeliums –, zeigt sie sich in einem merkwürdigen Zustand der Selbstvergessenheit, nämlich der Grunderfahrung des Menschen vom unverschuldeten Geschenk des Selbst.

Religion ist eine Kultur der menschlichen Ambivalenz. Sie hält den Menschen in einer Mitte zwischen Wirklichkeit und Wahrheit, Erinnerung und Verheißung, Vergangenheit und Zukunft. ‚Das wandernde Volk Gottes' (Augustinus) bezeichnet nicht etwa allein die Mitglieder einer Konfession oder Religion, sondern eigentlich die Gemeinschaft der Menschen überhaupt. Die Erfahrung der Heimatlosigkeit, der Unruhe des Lebens, stößt uns auf unsere Sehnsucht nach Ruhe, Heimat und Ankunft. Die behagliche Einrichtung in der Welt mag uns über weite Strecken befriedigen, aber die Sehnsucht bleibt, geboren aus der Unsicherheit und dem Wissen um die Notwendigkeit des Abschieds, die allem Zeitlichen eigen sind. Die Ambivalenz der Religion ist nichts anderes als die Ambivalenz des Menschen, der janusköpfig zwischen Wehmut und Sorge, Nostalgie und Utopie, immer nur mit einer Ahnung von Gegenwart steht, weil doch alle Gegenwart immer schon verloren ist. Das ist der Grund für die wesentliche Beobachtung, dass Religionen in sich die Saat zu beidem tragen: der verhärmten Strenge einer Traditionssäuerlichkeit und der fröhlichen Erinnerung an ein Mehr des Lebens in der Verheißung eines Morgens. Die Theologien, die sich an Tradition und Bangigkeit oder Erinnerung und Erlösung orientieren, artikulieren (und nähren) dann entweder Angst oder Zuversicht, die im Menschen grundgelegt sind.

Die Religionen können als Kulturen der menschlichen Ambivalenz nicht ohne den Menschen gedacht werden, sie brauchen den Menschen und sind um seinetwillen. Der Mensch, der sich aus einer der jeweiligen Religion eigenen Hoffnung heraus der Zukunft zuwendet, versteht sich selbst, sein Leben und Streben, seine eigene wie auch die allgemeine Tradition und Gegenwart aus dieser Hoffnung heraus. Das kann kein Plädoyer für eine Weltflucht sein. „Bedenke, Mensch, Staub bist du und zu Staub kehrst du zurück!" (Gen 3,19) – „Windhauch, Windhauch, das ist alles Windhauch. [...] Ich beobachtete alle Taten, die unter der Sonne getan wurden. Das Ergebnis: Das ist alles Windhauch und Luftgespinst." (Koh 1,2.14) – So nihilistisch solche Texte klingen mögen: Es wäre ganz ungenügend, sie als eine Absage an die Bedeutung menschlichen Handelns und Denkens in der Welt zu lesen. Wollte man christlich-theologisch antworten, so kommt die Negation des Menschen zum Aschermittwoch nicht ohne das Osterfest, den Hinweis auf das höhere Ziel und Fest der Freude aus, das in der Welt seinen Anfang nimmt und zu dessen Beginn wir gerufen sind. „Dies ist der Tag, den der Herr gemacht hat!" (Ps 118,24) Das verlagert die Bedeutung menschlichen Handelns nicht allein auf die vertikale, auf Gott gerichtete Ebene, sondern zieht eine Relevanz innerweltlichen Wirkens nach sich: „Was ihr für einen meiner geringsten Brüder getan habt, das habt ihr mir getan." (Mt 25,40) Dieses bekannte christliche Motiv hat religionsgeschichtlich bedeutende Verwandtschaft: „Wer einen Menschen tötet, für den soll es sein, als habe er die ganze Welt getötet. Wer einen Menschen rettet, für den soll es sein, als habe er die ganze Welt gerettet." (bSanhedrin 37a; vgl. auch Q 5,32) Bei aller offenliegenden Differenz der Bezüge zeigt sich doch:

Welt und Mensch sind fraglos auch im Fokus religiösen Handelns. Was die Religionen „heilig" nennen, soll damit nicht in erster Linie als verboten charakterisiert, sondern als Mitte der gerichteten Gegenwart herausgestellt werden – weil es Bedeutung hat für die Gegenwart, den Menschen und die Gesellschaft.

Solche Ambivalenz hält den Menschen in der Schwebe zwischen Abwendung und Zuwendung, Aschermittwoch und Ostern, die immer auch Artikulationen des eigenen Lebens sind und die Verwiesenheit von Kontemplation und Aktion, Leid und Glück, Verzagen und Zuversicht, Scheitern und Gelingen formulieren. Gewiss ist Religion auch ein Spiegel des Menschen, doch soll das etwas anderes besagen als das, was Feuerbach damit formulierte. Der Spiegel zeigt auch die Welt hinter dem, der in ihn blickt, und er ist Artikulation der Hoffnung vor ihm. Hoffnung – eine wesentliche Kategorie reflektierter Religiosität – ist ein wirkmächtiges Konzept von Zukunft: Das Vertrauen auf das Kommende ist Kraftquelle für die Gegenwart, die Ort des Handelns ist und bleibt. Wer Gott in der Gegenwart nicht sucht, der kann ihn in der Zukunft nicht finden.

Religion heißt Leben aus und zu einem höheren Grunde, der Anfang und Ziel ist. Die Gegenwart, diese große Sehnsucht zwischen Vergangenheit und Zukunft, bildet den Mittelpunkt des religiösen Rituals wie des Gebets und der Gottesdienstfeier. Die religiösen Handlungen sind verbunden mit einer sinnlichen Erfahrung, die mußeaffin sein kann, wo der Mensch sich auf sie einlassen und Ruhe finden kann. Das Ritual als regelhafte Handlung ermöglicht durch die eingeübte Wiederholung und die strenge Form eine Befreiung vom kreativ-produktiven Anspruch, die wie eine kleine Erlösung sein kann, weil sie gesellschaftliche Erwartungen transgrediert, alle gleichermaßen und gleichwertig hineinnimmt und auf den höheren Grund hinwendet. Dazu muss der Mensch in diesen Handlungen nicht mehr als da, d. h. gegenwärtig sein.

Der Ritus und das Fest artikulieren auch eine Akzeptanz der Welt.

Ein Fest feiern heißt, die Zustimmung zur Welt im Ganzen auf unalltägliche Weise zum Ausdruck zu bringen. Wer die Wirklichkeit nicht im Grunde für ‚gut' und ‚in Ordnung' hält, kann kein Fest feiern, so wenig wie er ‚Muße wirken' kann. Das heißt: Muße ist an die Voraussetzung gebunden, daß der Mensch der Welt und auch seinem eigenen Wesen zustimmt. [...] Die äußerste Form der Zustimmung zur Welt im Ganzen, die überhaupt gedacht werden kann, ist das Gotteslob, die Preisung des Schöpfers, der Kultus.[6]

Die ‚Zustimmung zur Welt' ist eine Form der Gegenwart, weil sie nicht etwas anderes will (Zukunft) oder nostalgisch in der Vergangenheit weilt. Das annehmende, positive Weltverhältnis heißt keineswegs, dass das, was wir Muße nennen, nicht auch ein kritisches Potential entfalten und also den Abstand zur Welt mitsetzen kann. Der religiöse Mensch setzt in dem, was er glaubt, die Wirklichkeit der Welt in ein anderes Licht, er sieht sie bspw. unter der Voraussetzung eines göttlichen Willensaktes. Der Wille schafft Wirklichkeit – es werde Licht!

Die Welt ist Folge eines absoluten Willens und insofern gut, wenngleich auch den Gläubigen deswegen nicht alles in ihr gleich ‚recht und billig' sein muss. Die Annahme dieses Willens sollte den Menschen zur Erhaltung, Bewahrung und Förderung der Schöpfung bewegen. Dem Leben

---

[6] Pieper, *Muße und menschliche Existenz*, 457.

zu dienen ist wesentlicher Auftrag der Gläubigen in vielen Religionen. Doch die Ausdeutung dessen, was förderlich ist, verkommt oft zu einem Streit der Interpretationen. Die Wahrheit der Religionen ist zuletzt eine ausstehende Wahrheit, die erst in der verheißungsvollen Zukunft mehr sein kann als Überzeugung und persönliches Wissen, das aber gleichwohl für Glaubende hier und jetzt immer schon Gültigkeit haben wird und Konsequenzen zeitigt. Die Erlösung gewinnt Gegenwart, wo der Mensch sich ihrem befreienden Versprechen überlässt. Die Gegenwart zeigt sich als *das Andere*, das den Mangel an Gegenwart in der Zeit aufhebt. Die Dimension der Hoffnung befreit den Menschen aus der Perspektivlosigkeit des beständigen Vergehens und richtet ihn auf eine Gegenwart. Religionen schenken Hoffnung, die lebensgestaltende Kraft birgt. Sie ist das Gegenteil der fatalistischen Versagung und bricht mit der Erwartung der radikalen Endgültigkeit des nahenden Schlusses, den wir Tod nennen. Dass kein Schluss sein wird, dass Hoffnung sein darf und Leben gestaltet werden soll, ja muss, ist eine Grunddimension religiöser Einsicht. Weniger wesentlich ist dagegen, wie sein wird, was sein wird. Wie auch? Bleibt uns zum Begreifen dessen, was nicht Welt ist, doch nichts anderes als die Sprache der Welt, die wie ‚ein Spiegel rätselhafte Umrisse' und einzig ‚Stückwerk des Erkennens' (1 Kor 13,12) aufbieten kann.

Der Mensch, der aus dem Glauben und also in dieser Hoffnung lebt, darin Gegenwart und Ruhe findet, wird nichts anderes sein als ein Freund der Muße, die dann in der Welt den Horizont über sie hinaus eröffnen und *dem Anderen* in Raum und Zeit Platz geben kann. Das sonst oft blinde Mühen und Suchen weiß sie auf die Perspektive von Sinn und Hoffnung, Glück und Erfüllung zu lenken. In der immer knapp bemessenen Zeit, dem permanenten Mangel an Gegenwart, den Betrachtungen, die sich quer stellen zum Produktivitäts- und Leistungsdiktat, und den Fragen nach Grund und Ziel des Menschen selbst Raum zu geben, statt sich diesen Fragen durch immer neue Ablenkung zu versagen, ist eine vorrangige Angelegenheit der Religionen.

Der nun abschließende ethnologisch-ethnografische Exkurs illustriert exemplarisch Vieles, was zuvor abstrakter zur Sprache kam. Er zeigt noch einmal aus einer konkreten Perspektive heraus: Religionen (wie Muße auch) setzen eigentümliche Zeitlogiken und artikulieren eine spezifische Weise des menschlichen Strebens nach einem Mehr an Leben, Wahrheit, Wissen und Sinn.

Darüber hinaus öffnet der Text den Blick auf eine Reihe weiterer Aspekte, Perspektiven für weiterführende Auseinandersetzungen. Es lässt sich denn auch erkennen, inwiefern das Bewusstsein und die (Für-)Wahrnehmung höherer Mächte, d.h. zugleich das Erleben eigener Ohnmacht, konstitutiver Teil von Religionen sein können. Das Gebet – wie das Ritual überhaupt – bieten einerseits Reaktionen auf diese Erfahrungsdimension, antworten andererseits aber auch auf diese Erfahrung in persönlichen oder gemeinsamen Handlungen – sie räumen den Gläubigen eigene Handlungsmacht ein und lassen sie zu jenen Numinosa in Beziehung treten. Diese Aneignung von Handlungsmacht in Anbetracht der Widerfahrnis von Geschichte, Schicksal etc. scheint auch in traditionellen Religionen konstitutiv zu sein, die, wie die ethnografischen Beobachtungen zeigen, mit anderen Religionsformen verschmelzen und eine synkretistische[7] Gestalt gewinnen können. Die mit dem der jeweiligen Religion eigenen Glauben und ethischen Anspruch gewonnene Sicherheit hilft in der Gestaltung des eigenen Lebens, der Stabilisierung der Gemeinschaft (Fürsorge), der Deutung von Erfahrungen, der Bewältigung von Krisen und der Bewahrung ‚spiritueller Sicherheit'. Das Gebet bildet eine Brücke zum Übermächtigen und Ungreifbaren bzw. bietet die Möglichkeit des Einflusses auf jenes, dessen Macht sich in der Erfahrung der eigenen Ohnmacht artikuliert. Die religiösen Tugenden entspringen einer Verhältnisbestimmung des Menschen zur numinosen Macht. Sie zielen auf die Lebensgestaltung, nicht auf die Welt- und Lebensflucht, und können den Gläubigen neue Sicherheit schenken, die dann auch Ruhe und Muße, Ankunft und Heimat bedeuten kann.

---

[7] „Synkretistisch" meint an dieser Stelle keinesfalls, dass es so etwas wie „reine" Kulturen bzw. Religionsgebilde gebe, die dann vermischt oder auch in der Vermischung aufgelöst werden. Vielmehr geht es um die Beschreibung eines unentwegten Ineinanderwirkens ohne einen „reinen" Anfang. Strukturell hilfreich zum Verständnis eines solchen Transformationsprozesses in gegenseitiger Abhängigkeit ist das Konzept der Allelopoiese, welches die ideengeschichtliche Forschung um den Aspekt einer ‚wechselseitigen Beeinflussung' ergänzt; die „wechselseitige verändernde Hervorbringung [...] setzt die gegenseitige Bedingtheit von Referenz- und Aufnahmebereich in einem gemeinsamen Transformationshorizont voraus. Im Akt der Aneignung wird sowohl der Referenzbereich wie der Aufnahmebereich reziprok – aber meist nicht symmetrisch – verändert. Man muss sich also sozusagen an eine intellektuelle Pendelbewegung gewöhnen." Johannes Helmrath/Eva Marlene Hausteiner/Ulf Jensen, „Einleitung", in: Dies., *Antike als Transformation. Konzepte zur Beschreibung kulturellen Wandels*, Berlin/Boston 2017, 1–14, 5.

Epilog:
Ein ethnografisches Beispiel aus Oukwanyama, Namibia

„Ya", meint Beverly, eine junge Frau von etwa 20 Jahren, „when I pray, I pray to God." Sie nimmt ihr Glas in die rechte Hand, hält es schräg, schaut es an und dann durch es hindurch, in die Ferne: „I say … I thank to God for sending his angels. To protect us through the night. That I've been able to see another day. M-m."

„And then I say … Then I ask for forgiveness, for my sins." – „Forgiveness for your sins?", frage ich. Sie nickt. Zustimmung. „Hm-m, and I would say … ‚forgive me for my sins, as I forgive those who have sinned against me'."

„And then", fährt sie fort und stellt ihr Glas zurück auf den Holztisch, „after our sins are forgiven, I pray for God to protect the guys around me … like, I would pray for my friends, my school, the principal, tutors, my parents, … you know."

„I'll pray for people in hospitals", sagt sie, „pray for people who are sick and, I pray for those ones in jail as well … ah, I'll pray for those ones who mustn't be in their homeland and … you know? So, I will pray for … Basically, that's what I pray for."

Gespräch mit Beverly Kojipati, Oshikango, 2017

In den Jahren 2017 und 2018 forschte ich[1] in Namibia zu der Frage, wie die Gemeindemitglieder dreier Kirchen ihre

---

[1] Das für ethnografische Texte übliche „Ich" bezieht sich auf den Autor dieses Kapitels: Yannick van den Berg.

Gottesdienste erleben. Es waren diejenigen der 1924 gegründeten anglikanischen Missionsstation St. Mary im Dorf Odibo, der St. Michael in Katutura, ebenfalls anglikanisch, und der True Gospel of Salvation, eine charismatisch-pentekostale Kirche, mit Sitz in der nahe an Odibo gelegenen Grenzstadt zu Angola, Oshikango. Ich nutzte dazu die ethnografische Methode der teilnehmenden Beobachtung, nahm sowohl an Gottesdiensten teil wie auch am Alltag einer mich beherbergenden Gastfamilie; und ebenso an den vielfältigen, von den Gemeinden organisierten Freizeitaktivitäten.

Da es sich beim ‚Untersuchungsgegenstand' voraussichtlich um komplexe emotionale und persönliche (Glaubens-) Inhalte handeln würde, wählte ich meine Methode entsprechend. Bewusst versuchte ich, Inhalte ‚an mich heranzulassen' und sie auszuleben. Denn wie ich lernte, war die Transformation sozialer Umstände und ein ‚Herausfinden' aus ungünstigen Lebenslagen ein hauptsächliches Anliegen vieler meiner Forschungspartnerinnen. Von diesem Anliegen war das Bemühen um persönliche Veränderung nicht ausgeschlossen.

Was also, hatte ich zu fragen, geschieht im Moment einer Grenzüberschreitung in Richtung Unvertrautes? Meine Körperlichkeit und mein Empfinden dienten dabei als die Instrumente partizipativer Feldforschung; meine Sinne trainierte ich gezielt und verschloss mich ihrem Einsatz nicht. Naturgemäß verblieb zwischen meinen methodologischen und leiblichen Fähigkeiten, den Ansprüchen meiner partizipativen Praxis und den Möglichkeiten ‚inneren' Verstehens und Erlebens immer ein gewisser Abstand. Dieser stellte sich immer wieder als wohltuend und für die Reflexion unerlässlich heraus.

Das heißt: Für die Zeit meiner insgesamt einjährigen Feldforschung versuchte ich, denselben Alltag zu führen wie die Menschen um mich herum. Und gleich wie einige von ihnen betete ich täglich. Vor allem der aus dieser Praxis entstandene (persönliche) Anspruch, dem Gedachten auch ‚zu genügen', stellte sich als Bereicherung für mein Leben heraus. Es ist schlecht möglich, während des Tages etwas zu tun, das dem Sinn des zuvor Gebeteten zuwiderläuft. Tägliches Beten lehrte mich Respekt gegenüber verschiedenen Gebetsformen und -inhalten und gegenüber den damit verbundenen ‚inneren Haltungen' und emotionalen Zuständen. Regelmäßiges Beten half mir und meinen Forschungspartnerinnen, uns gegenseitig besser zu verstehen.

Im Folgenden werde ich vornehmlich empirische Beispiele anführen. Darüber hinaus kommen Überlegungen zum Beten als ‚ritueller Technik' zum Tragen: Ich verstehe die Praxis des Betens nicht nur, aber auch, als Technik. Sie vermag es, kosmologische, spirituelle oder soziale Kräfteverhältnisse ‚auszugleichen'. In unsicheren und verunsichernden Zeiten kann Beten ein Mittel sein, die persönliche Integrität sicher- oder wiederherzustellen. Solchermaßen verstanden rückt Beten in die Nähe einer Heilspraxis. Eine Heilspraxis aber, die den Weg hin zu einer ‚Re-Positionierung' innerhalb eines kosmologischen Gefüges betont.

Für meine Forschungspartnerinnen gehört zu diesem Gefüge Gott. Aber auch böse Geister, Ahnen, ein gutes Nachbarschaftsverhältnis oder genügend finanzielle Mittel können dazu gehören. Verallgemeinert kann gesagt werden, dass zum Beten bisweilen gar der Vollzug von so etwas wie Glück gehört, hier thematisiert als Wohlbefinden im Moment einer gelungenen oder wiederhergestellten ‚spirituellen Sicherheit' – und das bedeutet für den sozialen Kontext, in dem ich meine Feldforschung betrieb: dem Wegfall von gewalthaltigen, zwanghaften oder ganz einfach schadhaften Lebensbezügen.[2]

Das Anliegen von ‚spiritueller Sicherheit' wird in den Kirchen unterschiedlich angegangen: Während die Missionskirchen die als traditionell erachteten Werte predigen und sich über die Altersgruppen ein Zugang zu etablierten gesellschaftlichen Gruppen findet, genießen die Oshiveva, die ‚new' oder ‚magical churches', wie die charismatisch-pentekostalen Kirchen auch genannt werden, einen etwas zweifelhafteren Ruf. Obwohl viele Menschen die Gottesdienste beider Kirchen besuchen, bilden die Gemeinden der Oshiveva bis zu einem gewissen Grad eigene, soziale Netze. Als für Namibia neueres gesellschaftliches Phänomen stützen sich diese Kirchen auf eine christliche Lebensführung angesichts der alltäglichen Präsenz des Bösen. Doch sowohl in den anglikanischen Gemeinden wie auch in den Oshiveva verstehen sich viele als ‚Born Again', also wiedergeboren in Jesus Christus. Im Unterschied zu den Missionskirchen betonen die Oshiveva vermehrt spirituelle Heilung und göttliche Inspiration. Sie sind im Bewusstsein

---

[2] Adam Ashforth nennt diese Form der tiefgehenden, existentiellen Unsicherheit ‚*spiritual insecurity*'. Vgl. Adam Ashforth, „On Living in a World with Witches. Everyday Epistemology and Spiritual Insecurity in a Modern African City (Soweto)", in: *Magical Interpretations, Material Realities. Modernity, Witchcraft and the Occult in Postcolonial Africa*, hg. v. Henrietta L. Moore/Todd Sanders, London 2001, 206–225; Adam Ashforth, *Witchcraft, violence, and democracy in South Africa*, Chicago 2005. Wie auch anderswo auf der Welt entstehen und verschärfen sich Fragen der spirituellen Sicherheit in den Zeiten, in denen das eigene Leben bedroht ist oder als von äußeren, bösen Kräften bestimmt wahrgenommen wird.

vieler mit Hexerei und bösen Geistern assoziiert. In diesen Kirchen sind Geistbesessenheiten verschiedenen Typs üblich.

Das Anliegen, mehr von Gott zu verstehen

Gut lässt sich Obiges an einem ersten Beispiel veranschaulichen: Johanna Ndinoshinge wurde als Kind von Meekulu Ndiipala in deren Haushalt aufgenommen. Meekulu Ndiipala ermöglichte Johanna anschließend den Besuch der lokalen Schule und finanzierte ihre höhere Ausbildung zur Lehrerin. Meekulu Ndiipala, im Jahr meiner Feldforschung ungefähr 94 Jahre alt und somit etwa 50 Jahre älter als Johanna, war dem anglikanischen Glauben tief verbunden. Vor Jahrzehnten hatte sie Angola und ihre damalige, zweite Ehe verlassen, siedelte nach Odibo über und konvertierte zum Christentum.[3] Die alte – und weise – Frau wird in Odibo sehr geschätzt. Auch in ihrer Familie hat sie eine wichtige Stellung inne, denn bis zu ihrem Tod im Jahr 2021 war sie deren Oberhaupt. Es war Meekulu, deren Rat gesucht wurde, und sie war es, die in vielerlei Belangen bestimmte, wo es lang zu gehen hatte. Als Meekulu Ndiipala Ende des Jahres 2017 schwer erkrankte und mehrere Wochen im Krankenhaus verbringen musste, wandte sich Johanna an Gott.

„When Meekulu was in hospital", meinte Johanna im Frühjahr 2018 zu mir, „I trusted only in God and did not go to witchdoctor or else." In Oukwanyama – der Region in Namibia, in der ich forsche –, sind *witchdoctors* in der

---

[3] Vgl. Gregor Dobler, „,Work and rhythm' revisited. Rhythm and experience in northern Namibian peasant work", in: *Journal of the Royal Anthropological Institute* 22,4 (2016), 864–883.

Regel diejenigen, die Krankheiten, Flüche oder böse Geister bannen oder heilen können. Witchdoctors sind nicht *witches*, also Hexen und böse Zauberer, die schadhafte Magie praktizieren und von der Misere Anderer profitieren. Obwohl diese Kräfte keinesfalls zu ignorieren sind, werden sie von der Mehrheit der Menschen als der göttlichen Kraft des Heiligen Geistes unterlegen angesehen. Auch wendet man sich bei Problemen und Leiden nicht ausschließlich – und oft nicht einmal als Erstes – an die *traditional healers*, sondern auch an die Kirchen. Denn durch deren Propheten oder mächtige Priester ‚spricht' die heilende Kraft Gottes direkt. Einige der Menschen, auf die wir noch kommen werden, sprechen in diesem Zusammenhang von *slow healing* (Missionskirchen) im Unterschied zu *fast healing* (Oshiveva); eine Unterscheidung, die sich auf das stark erlebte Moment spiritueller Inspiration in den Oshiveva bezieht, ein Moment welches kathartische Erfahrungen möglich macht.[4]

Johannas Aussage bezieht sich darauf, der anglikanischen Kirche treu zu bleiben. Sie trug ihr Anliegen nicht in eine Oshiveva, wie andere dies vielleicht getan hätten. Johanna lebt die von Meekulu vorgelebten Werte und strebt danach, ihnen zu genügen. Von sich selbst sagt sie, sie möge die

---

[4] Eine erhellende Äußerung dahingehend geht auf Ileni Ndaitwah zurück, einem Großkind von Meekulu Ndiipala und verwandt mit Johanna. Ileni meint: „You get crazy, if you change your religion. Because they come and say ‚there's a demon inside!' – how can that be from a pastor? They [Oshiveva] mix Holy Spirit and Rituals. If that happens, you get crazy." (November 2017, Odibo) Diese Äußerung Ilenis verdeutlicht die emische Unterscheidung zwischen einerseits paganem Glauben (‚rituals') und andererseits christlicher Inspiration (‚Holy Spirit'). Das im Gegensatz zu den Missionskirchen typische Element der Oshiveva ist dann die Austreibung des Dämons.

Das Anliegen, mehr von Gott zu verstehen 123

anglikanische Kirche sehr. Sie halte es so, meinte Johanna im weiteren Verlauf unseres Gespräches, sie bete zu Gott, der sie schuf. Eine zweite wichtige Eigenschaft christlichen Glaubens sei außerdem *patience* – ein Begriff, der mit Geduld nur unzureichend übersetzt werden kann. Denn Gott wirke nicht, wie der menschliche Verstand dies wolle – ‚you want that and that, accomplished in a year… but after a year you did not accomplish it. It doesn't come in those ways. You see, Oshiveva don't preach salvation.'[5]

Menschen hingegen, die gerne die Gottesdienste der Oshiveva besuchen, haben im Allgemeinen eine andere Meinung.

Ndinah Silas beispielsweise, eine Schülerin der ortsansässigen Odibo High School, widerspricht Johanna, indem sie zu mir meinte: „People don't understand, but Oshiveva really help." – „You know, they [jüngere Menschen aus ihrem sozialen Umfeld] want to clear the road to God", sagt sie. Ja, manchmal ginge es um ein Auto, Erfolg im Leben, was auch immer, „but you want to do the right thing": d. h., diese Dinge auf einem Weg zu erreichen, die den Werten des Christentums entsprechen. „The young people", erklärt sie mir, „go to Oshiveva, because people there understand more of God."[6] Doch was bedeutet es, mehr von Gott zu verstehen?

Nun, in Oukwanyama ‚gehört Beten dazu'. Das gemeinsame Beten wird in verschiedenen Institutionen und sozialen Gruppen eingeübt und es existiert eine nahezu unübersichtliche Vielfalt an verschiedenen Momenten, in denen gebetet wird. Für den Kontext meiner Forschung

---

[5] Februar 2018, Ondangwa.
[6] Oktober 2017, Odibo.

sind an prominenter Stelle die Schulen und eine ältere Generation von anglikanisch sozialisierten Menschen zu nennen. Letztere gehören heute, nach Ende der Apartheid, teilweise der nationalen Elite an. Sie nehmen oft eine wichtige Stellung in den Familien und dem weiteren sozialen Geflecht, beispielsweise ihres Dorfes, ein. In den Schulen befindet sich ein Großteil der jungen, nach der Apartheid geborenen Bevölkerung. Allgemein gesprochen ist Beten ein alltägliches Geschehen. Es wird gerne und häufig gebetet. Vor dem Essen. Vor einer Reise. Zu Beginn des Unterrichts. Anlässlich der Einweihung eines neuen Gehöfts, an Hochzeiten, Begräbnissen oder während der Erntezeit. Oder schlicht am Ende des Tages beim gemütlichen Zusammensitzen in den Altersgruppen.

An der Stelle möchte ich einen Umstand hervorheben, der nicht nur in der Religionsanthropologie wiederholt beobachtet wurde: Einerseits kann die Praxis des Betens die Form eines Zeremoniells, andererseits aber auch das eines mit persönlichem Bezug und Bedeutung erlebten Rituals annehmen.

Schauen wir hier auf die zweite ‚Dimension' dieser Praxis, so merken wir, wie Beten zu einem ausgeglichenen, seelisch ‚ruhigen' und spirituell reichhaltigen Leben gehören kann; genauso wie bestimmte Weisen zu beten als soziale Norm in Erscheinung treten können. Hier nun eignen sich andere, etwas radikalere Beispiele zur weiteren Diskussion der Frage, was es heißt, mehr von Gott zu verstehen: Es sind diejenigen Gebete, die ihrer Tendenz nach nicht als besonnene Gebete gelten können. Es sind Gebete, deren Qualitätsmerkmal es ist, immer weiter, engagiert und emotional, teilweise wie von Sinnen Worte und Wortfetzen von sich zu geben.

Die True Gospel of Salvation beispielsweise kennt *praying sessions*: Zu Beginn der Gottesdienste wird drei bis vier Mal 15 Minuten laut und inbrünstig gebetet. Dieser Vorgang wird durch eine Priesterin angeleitet und den Anweisungen wird Folge geleistet: man ‚öffnet sein Herz' und ‚prays in aggressive manner'. Die Gemeinde steht dabei; man hält die Arme auf Schulterhöhe mit offenen Handflächen nach vorne und im rechten Winkel zum Oberarm. Die Priesterin spricht in ein Mikrofon und laut mit, spricht sich immer mehr in Rage.

In den anglikanischen Gemeinden der St. Mary und St. Michael wiederum können *special prayers* angefragt werden. Sie stehen denjenigen offen, die sie einem Gespräch mit der Priesterin vorziehen und sind reserviert für ein spezielles, meist persönliches Anliegen. Gebetet wird dann in den sonntäglichen Gottesdiensten. Entweder nach dem Sprechen des *Nicene Creed* (und vor dem eigentlichen Sakrament der Eucharistie). Oder, üblicherweise, gegen Ende des Gottesdienstes, nach der Kommunion, aber vor dem Sprechen des letzten Segens durch die Priesterin. In diesem Abschnitt des Rituals werden für die Gemeinde wichtige Bekanntmachungen verkündet, Heiratspaare abgekündigt, Kirchenchöre präsentiert, aber eben auch: gebetet.

Doch die Art, wie minutenlang ohne jede Unterbrechung und in Rage gebetet wird, erinnert viele an die Gebetspraktiken der Oshiveva. Diese finden zunehmend Verbreitung. Und eben dieser – für die lokalen Praktiken der Trance-Besessenheit charakteristische – Sinnenverlust ist es, der von den anglikanischen Gemeinden kontrovers diskutiert, von den Oshiveva wie der True Gospel of Salvation aber als Zeichen göttlicher Inspiration gewertet, begrüßt und in der Praxis gesucht wird.

Die soziale Einbettung des Betens

Versenkung und ja – Widmung sind also möglich. Und auf sehr unterschiedliche Art und Weise. Ein weiteres Beispiel soll dies verdeutlichen. Beverly Kojipati – sie begegnete uns bereits in dem Gesprächsauszug am Beginn dieses Kapitels – referierte in unseren Gesprächen häufig auf eine Form des Vaterunsers. Das Vaterunser sowie das Ave-Maria sind als ‚Grundformen' des Morgen- respektive Abendgebets weithin bekannt. Eine unmittelbare Bedeutung erfuhren diese Gebete im Alltag meiner Forschungspartnerinnen mit den Themen der Ruhe, der Nacht und des Schlafes. Diese Bereiche werden als symptomatisch im Sinne eines geregelten, gottesnahen und von spirituellen Problemen und lebensweltlichen Herausforderungen freien Lebens verstanden – also einer seelischen Verfassung fern von Sorgen, aber auch Hexerei, bösen Omen und Geistern.

Es fällt auf, wie Beverly die sie umgebenden Menschen in ihr Gebet miteinbezieht und Gott bittet, sie zu beschützen: „And then, after ‚our sins are forgiven', I pray for God to protect the guys around me...", sagt sie. Diese ‚Erweiterung' des Vaterunsers in Richtung des sozialen Umfeldes kommt nicht von Ungefähr. Überall dort, wo gebetet wird, wird auch anderer Menschen gedacht; wie Beverly selbst sagt: auch kranker Menschen, Menschen in Not, in Gefängnissen, oder auch derer, die in einen der vielen Verkehrsunfälle verwickelt waren.

Wenig überraschend unterscheidet sich die Praxis des Betens in ihrer Qualität grundlegend von den Pflichtübungen beispielsweise in der Schule, immer da, wo es gelingt, geschützte und private Räume herzustellen. Stehen dort Einübung und Sozialisierung im Vordergrund, können hier sinnvolle Momente erlebt werden, in denen Persönliches zum Ausdruck kommen kann.

Auch können mit diesen Gebeten schnell existentielle Konsequenzen verbunden sein. Ein von den *elders* gesprochener (oder zurückgehaltener) Segen bleibt nicht ohne Wirkung. Ebenso verhält es sich mit Flüchen. Ob gut oder schlecht, schädigend oder heilend: Sogar Unbekannte wie Hexen oder Unsichtbare wie Ahnen können auf solchen ‚übernatürlichen' Wegen Einfluss auf das persönliche Leben nehmen.

Johanna beispielsweise berichtete mir von einem bösen Geist, der vor ein paar Jahren an ihrer Schule in Ondangwa in Erscheinung getreten sei. Die unter dem Begriff *mass hysteria* bekannt gewordenen, spirituellen Attacken an vier Schulen im zentralen Norden Namibias waren ihr und anderen bekannt. Die Mehrheit der damals von diesen Attacken betroffenen Schülerinnen waren junge Frauen. Ohne ersichtlichen Grund kollabierten sie mitten im Schulunterricht; weinten, schrien, liefen, ohne sich ihrer Handlungen bewusst zu sein, über den Schulhof. Andere berichteten von erlebten Visionen, fürchteten, Feuer zu fangen, erlitten Panikattacken oder reagierten aggressiv auf ihre Außenwelt.[7] Von der nationalen Berichterstattung wurde dieses Phänomen aufgegriffen und erfuhr große Beachtung. In der Mehrheit wurden Ansichten publiziert, die auf psychologischen Einschätzungen beruhten: Der Druck auf die Schülerinnen sei zu groß gewesen, der Druck auf junge Menschen in Namibia im Allgemeinen sei enorm

---

[7] Vgl. Kim Groop, „Spirit Attacks in Northern Namibia. Interpreting a New Phenomenon in an African Lutheran Context", in: *Spirit Possession and Trance. New Interdisciplinary Perspectives* (Continuum Advances in Religious Studies), London/New York 2010, 151–170.

hoch. Auch wenn das stimmt und ein erfolgreicher Schulabschluss einer der wenigen Wege ist, wie ein junger Mensch sein Leben – möglicherweise – finanziell absichern kann, so erfasst diese Auffassung doch nicht alle für die Betroffenen wichtigen Aspekte. Eine erste Gruppe von Leuten glaubte, dass die Schülerinnen von bösen Geistern attackiert oder besessen wurden. Eine zweite zeigte sich davon überzeugt, dass die Schülerinnen verhext wurden. Eine dritte Gruppe meinte, dass die Schulen von einem unzufriedenen Ahnengeist heimgesucht wurden. Während meiner Feldforschung waren solche und ähnliche Phänomene, Geister und Entitäten keineswegs obskure, übernatürliche Geschehnisse; an sie zu glauben, bedeutete zwar, verwundbar zu werden. Ihre Existenz rundweg abzulehnen war aber schwierig, denn sie waren alltäglicher Teil der Lebenswelt meiner Forschungspartnerinnen und ein wiederkehrendes Thema beim abendlichen Zusammensitzen in der Familie.

Auch die von Ndinah Silas und Beverly besuchte Odibo High School war nicht frei vom Einfluss der Kräfte Satans, von Hexen und Illuminati. Ndinah sowie einige ihrer Freundinnen betrieben daher den nicht zu unterschätzenden finanziellen Aufwand, sich eine Unterkunft außerhalb des Schulgeländes zu mieten. Diebstahl kam in den Schlafräumen der Schule häufig vor, doch schlimmer war: Mehrere Male waren diese jungen Frauen von Hexerei betroffen gewesen oder fürchteten, es zu sein. Mitten in der Nacht würgte ein Mädchen ein anderes. Einem anderen verschwammen während der Abschlussprüfungen die Buchstaben vor den Augen. Kurz darauf war es blind. Ein drittes plagten unerklärliche Kopfschmerzen und das Gefühl, in der Gegend des Nackens säße etwas unter der

Haut. Trotz mehrerer Besuche in den örtlichen Kliniken wurde nichts gefunden.

Ich lernte also, erstens, dass sich in diesen Dingen die der Lebenswelt zugrunde liegenden Überzeugungen und Orientierungspunkte der Menschen zeigen. Ein böses Omen wie eine auf dem Dach der Hütte des Familienoberhauptes gelandete Eule – zu erkennen an ihrem charakteristischen Schrei – wird als Zeichen für dessen baldigen Tod verstanden. Als dieser Fall im Frühjahr 2018 tatsächlich eintrat, war damit nach Ansicht einiger Haushaltsmitglieder ein sofortiges Angehen des Sachverhalts gegeben: Das Aufsuchen eines Priesters war angezeigt. Andere, wie das vom Omen betroffene Familienoberhaupt selbst, zweifelten – denn es handelte sich hier ja nicht um ein christliches Zeichen, sondern um ein paganes. In ihrer ersten, unmittelbaren Reaktion waren sich beide Lager allerdings einig: Man betete das Vaterunser.

Zweitens kann die Dynamik der *spiritual insecurity* entscheidend beeinflusst werden, indem man sein Leben entsprechend fromm führt. So lernte ich Haushalte kennen, die ‚sicherer' waren als andere – denn es waren Haushalte, in denen christliche Tugenden gepflegt wurden. Drittens kann das Gute dieser Zusammenkünfte, das Heilsame am Beten direkt und am eigenen Leib erlebt werden. Und viertens liegen dem Beten in Oukwanyama nicht ausschließlich jenseitige Bezüge, Gefühle und Motivationen zugrunde, sondern auch ziemlich viele diesseitige. Beten, in Oukwanyama, ist eingebunden in ein feines und weitreichendes Netz alltäglicher, auch sozio-ökonomischer, Beziehungen und Gegebenheiten.

Spirituelle Sicherheit und ihr Bezug zu Muße

In der Welt existieren Phänomene, die nur schwer in Worte zu fassen sind oder mittels eines szientistischen (,objektiven') Weltbildes nicht hinreichend erfasst werden können. Darüber hinaus gibt es Dinge, die jenseits der Grenzen menschlicher Wahrnehmung existieren und deren Wirkungen an dieselbe bisweilen nur heranreichen. Von diesen Dingen können wir Menschen daher schlecht vollständige Kenntnis erlangen, sondern ,sehen' sie beispielsweise im Wind, der durch die Baumkronen streicht oder in der Präsenz Gottes durch das Wirken eines Naturgesetzes.

Der Mensch wiederum ist den Kräften des Kosmos nicht ohnmächtig ausgeliefert. Denn mit Ritualen (und Beten im Besonderen) kann er diese Entitäten ,nah', d.h. in seinen Erfahrungsraum holen. Er kann lernen, mit ihnen umzugehen, kann verhandeln, vertreiben, lernen, huldigen; oder feiern, räuchern und opfern. In animierten Umgebungen – wenn Objekte (wie auch Menschen) von gefühlsfähigen Kräften bewohnt werden –, können solche unmittelbaren Formen der Verbundenheit dem Menschen erlauben, einen Einfluss auf seine Umgebung (und vielleicht sogar den Kosmos) auszuüben.[8]

Das lässt sich auch als eine Fähigkeit verstehen. Sie kann helfen, religiöse Phänomene wahrzunehmen oder die Existenz von ,übernatürlichen' Phänomenen anzuerkennen. Andere mögen sich in der Überzeugung einrichten, dass nur gewusst werden kann, was auf der Grundlage von Abstraktion von Wahrnehmung und Gefühl ,eindeutig'

---

[8] Ich folge hier der Argumentation von A. David Napier, *Making Things Better. A Workbook on Ritual, Cultural Values, and Environmental Behavior* (Oxford Ritual Studies), New York 2014, 113.

objektivierbar ist. So zu denken setzt jedoch letztlich eine Gewöhnung an eine Inkommensurabilität von Geist, Seele und Körper voraus – und für mich als Ethnologen ist aufschlussreich zu sehen, wie, auf welche Weise und an welcher Stelle für meine Forschungspartnerinnen das Eine in das Andere übergeht. Gott war für sie präsent und die Welt von ihm als Agens durchdrungen.

In vielen Fällen nicht einmal durch persönliche Not erworben (sondern beispielsweise durch regelmäßiges Beten), besaßen diese Menschen die Fähigkeit, die Grenzen ihres Ichs zu relativieren und in Verbindung mit ‚äußeren' Entitäten zu treten. Auf diese Weise konnten sie einen Einfluss auf ihre Lebenswelt ausüben. Indem ich dies akzeptierte und versuchte, es ihnen gleichzutun, erkannte ich, dass das Relativieren der Grenzen des eigenen Ichs ein willentlicher Akt ist. Dieser Akt hält reiche und kreative Potentiale bereit.

Nicht ohne Grund wurden von meinen Forschungspartnerinnen neben spirituell Bedrohlichem also auch die Schönheit, die Erhabenheit, das Uferlose und das Hoffnungsvolle dieser Erfahrungen betont. In positiver Verstärkung funktioniert die Dynamik der ‚spiritual security' also auch als Segen und wohlmeinendes Denken an Andere; eine Praxis, die als zentral angesehen wird zur Einübung christlicher Demut, Bescheidenheit, Dankbarkeit dem Leben gegenüber und allgemein für einen günstigen Einfluss auf das jeweilige soziale Umfeld.

Hier stoßen wir nicht nur auf einen wichtigen Bezug religiösen Empfindens zum Phänomen der Muße – dem Loslassen und Finden, dem ‚Hinaustreten' aus alltäglichen Bezügen, hinein in eine ‚Sonderzeit', in der sich Zwänge verlieren mögen und neue Kraft geschöpft werden kann –, sondern auch auf ihr politisches Potential. Hier stoßen wir auf die Fürsorge, und letztlich auf den Wunsch, zu einer wohlmeinenden und weisen Gemeinschaft beizutragen. Dies ist, meine ich, nicht nur eine wiederholte seelische Bewegung, sondern auch eine moralische Übung – eine Einübung, dass das ‚was niemals vollständig gewusst werden kann‘, im eigenen Leben dennoch präsent sein kann und darf.

Literatur

Ashforth, Adam (2001). „On Living in a World with Witches. Everyday Epistemology and Spiritual Insecurity in a Modern African City (Soweto)", in: *Magical Interpretations, Material Realities. Modernity, Witchcraft and the Occult in Postcolonial Africa*, hg. v. Henrietta L. Moore/Todd Sanders, London, 206–225.
– (2005). *Witchcraft, violence, and democracy in South Africa*, Chicago.
Becker, Gerhold (1987). *Die Ursymbole in den Religionen*, Graz/Wien/Köln.
Belliger, Andréa/Krieger, David J. (Hg.) (2008), *Ritualtheorien. Ein einführendes Handbuch*, 4. Aufl., Wiesbaden.
Berger, Peter L. (1998). *Erlösendes Lachen. Das Komische in der menschlichen Erfahrung*, übers. v. Joachim Kalka, Berlin/New York.
Bettziech (Beta), Heinrich (1845). *Geld und Geist. Versuch einer Sichtung und Erlösung der arbeitenden Volks-Kraft*, Berlin.
Boeder, Heribert (1980). *Topologie der Metaphysik*, Freiburg/München.
– (1994). *Das Bauzeug der Geschichte. Aufsätze und Vorträge zur griechischen und mittelalterlichen Philosophie*, hg. v. Gerald Meier, Würzburg.
Bröckling, Ulrich (2007). *Das unternehmerische Selbst. Soziologie einer Subjektivierungsform*, Frankfurt am Main.
Brühweiler, Hans (1971). *Musse (scholè). Ein Beitrag zur Klärung eines ursprünglich pädagogischen Begriffes*, Zürich.
– (1971). *Wider die Leistungsschule. Eine Untersuchung zum ur-*

sprünglich pädagogischen Begriff der Musse (scholé)*, Zürich/Einsiedeln/Köln.
Burkert, Walter (1997). *Homo necans. Interpretationen altgriechischer Opferriten und Mythen*, 2., um ein Nachwort erw. Aufl., Berlin/New York.
Camus, Albert (2004), *Der Mythos des Sisyphos*, deutsch u. mit einem Nachwort v. Vincent von Wroblewsky, Reinbek.
Dirschauer, Klaus (2014). *Rituale. Oasen im Leben. Mit einem Glossar zu Festtags- und Alltagsriten*, Bremen.
Dobler, Gregor, „Muße und Religion? Ethnologische Anmerkungen zu ihrem Verhältnis", in: *Theologische Quartalschrift* 202 (2022,1), 5–24.
– (2016). „,Work and rhythm' revisited. Rhythm and experience in northern Namibian peasant work", in: *Journal of the Royal Anthropological Institute* 22,4, 864–883.
Eder, Klaus (2002). „Europäische Säkularisierung – ein Sonderweg in die postsäkulare Gesellschaft? Eine theoretische Anmerkung", in: *Berliner Journal für Soziologie* 12,3, 331–343.
Eickhoff, Franziska (2021a). *Der lateinische Begriff ‚otium'. Eine semantische Studie* (Otium 16), Tübingen.
– (2021b). „Otium, Muße, Müßiggang – mit Vorsicht zu genießen. Zur Ambivalenz von otium in der antiken lateinischen Literatur", in: *Semantiken der Muße aus interdisziplinären Perspektiven* (Otium 20), hg. v. Monika Fludernik/Thomas Jürgasch, Tübingen, 35–55.
Eliade, Mircea (1961). *Mythen, Träume und Mysterien* (Wort und Antwort 25), Salzburg.
Elsas, Christoph (1975), *Neuplatonische und gnostische Weltablehnung in der Schule Plotins* (Religionsgeschichtliche Versuche und Vorarbeiten 34), Berlin/New York.
Espak, Peeter (2010). *The God Enki in Sumerian Royal Ideology and Mythology* (Dissertationes Theologiae Universitatis Tartuensis 19), Tartu.
Gibas, Monika (2002). „,Vorwärts zum Aufbau des Sozialismus' – Sonntag zwischen Plan und Realität", in: *Am siebten Tag darfst/kannst/sollst/musst du. Geschichte des Sonntags. Begleitbuch zur Ausstellung im Haus der Geschichte der Bun-*

desrepublik Deutschland, Bonn, 25. Oktober 2002 bis 21. April 2003 und im Zeitgeschichtlichen Forum Leipzig, 17. Juni 2003 bis 12. Oktober 2003, Sankt Augustin 2002, hg. v. Stiftung Haus der Geschichte der Bundesrepublik Deutschland, Bonn/Sankt Augustin, 78–85.

Gimmel, Jochen/Keiling, Tobias et al. (2016). *Konzepte der Muße*, Tübingen.

Gimmel Jochen (2017). „Vom Fluch der Arbeit und vom Segen des Sabbats. Überlegungen zu einer alternativen Traditionslinie der Muße", in: *Muße und Gesellschaft* (Otium 5), hg. v. Gregor Dobler/Peter Philipp Riedl, Tübingen, 335–377.

Groop, Kim (2010). „Spirit Attacks in Northern Namibia. Interpreting a New Phenomenon in an African Lutheran Context", in: *Spirit Possession and Trance. New Interdisciplinary Perspectives* (Continuum Advances in Religious Studies), London/New York, 151–170.

Haug, Walter (1996). „Schwarzes Lachen. Überlegungen zum Lachen an der Grenze zwischen dem Komischen und dem Makabren", in: *Semiotik, Rhetorik und Soziologie des Lachens. Vergleichende Studien zum Funktionswandel des Lachens vom Mittelalter zur Gegenwart*, hg. v. Lothar Fietz/Jörg O. Fichte/Hans-Werner Ludwig, Tübingen (repr. 2011), 49–64.

Heine, Heinrich (1972). *Werke und Briefe in zehn Bänden*, Bd. 7, hg. v. Hans Kaufmann, 2. Aufl., Berlin/Weimar.

Helmrath, Johannes/Hausteiner, Eva Marlene/Jensen, Ulf (Hg.) (2017). *Antike als Transformation. Konzepte zur Beschreibung kulturellen Wandels*, Berlin/Boston.

Heschel, Abraham Joshua (2001). *Der Schabbat. Seine Bedeutung für den heutigen Menschen*, aus dem Engl. übers. v. Ruth Olmesdahl, Berlin.

Hornung, Christian (2020). *Monachus et sacerdos. Asketische Konzeptualisierungen des Klerus im antiken Christentum* (Vigiliae Christianae. Supplements 157), Leiden.

Humboldt, Wilhelm von (1980). „Theorie der Bildung des Menschen (Bruchstück)", in: Wilhelm von Humboldt. Werke in fünf Bänden, Bd. 1 (Schriften zur Anthropologie und Geschichte), hg. v. Andreas Flitner/Klaus Giel, 3. Aufl., Darmstadt, 234–240.

Karimi, Ahmad Milad (2015). *Hingabe. Grundfragen der systematisch-islamischen Theologie*, 2. Aufl., Freiburg im Breisgau/Berlin/Wien.

Kierkegaard, Sören (1849). *Die Krankheit zum Tode. Eine christliche psychologische Entwicklung zur Erbauung und Erweckung*, Kopenhagen.

Kirchner, Andreas (2014). „Die ‚Consolatio Philosophiae' und das philosophische Denken der Gegenwart. Was uns die Philosophia heute noch lehren kann", in: *Boethius as a Paradigm of Late Ancient Thought*, hg. v. Thomas Böhm/Thomas Jürgasch/Andreas Kirchner, Berlin/Boston, 171–211.

– (2018). *Dem Göttlichen ganz nah. „Muße" und theoria in der spätantiken Philosophie und Theologie* (Otium 8), Tübingen.

– (2022). „Erlösendes Lachen? Eine Annäherung an Humor, Muße und Religion", in: *Theologische Quar-talschrift* 202, 79–99.

Konersmann, Ralf (2015). *Die Unruhe der Welt*, Frankfurt am Main.

Leist, Fritz (1956). *Wäre ich ein Mensch ... Sammlung und Zerstreuung, Muße und Kult*, Nürnberg.

Lübbe, Hermann (1998). „Kontingenzerfahrung und Kontingenzbewältigung", in: *Kontingenz* (Poetik und Hermeneutik 17), hg. v. Edeltraut-Luise Marquard/Matthias Christen/Gerhart von Graevenitz/Odo Marquard, München, 35–47.

McCall, Henrietta (1993). *Mesopotamische Mythen* (Mythen alter Kulturen 1), aus dem Engl. übers. v. Michael Müller, Stuttgart.

Metz, Stefan (2021). „‚Otium romanum in vita christiana'. Konzepte von ‚otium' bei Paulinus von Nola", in: *Semantiken der Muße aus interdisziplinären Perspektiven* (Otium 20), hg. v. Monika Fludernik/Thomas Jürgasch, Tübingen, 57–76.

Mikkola, Eino (1958). „‚Schole' bei Aristoteles", in: *Arctos. Acta Philologica Fennica*. Nova Series 2, 58–87.

Müllner, Ilse/Dschulnigg, Peter (2002). *Jüdische und christliche Feste. Perspektiven des Alten und Neuen Testaments* (Die Neue Echter-Bibel. Themen 9), Würzburg.

Napier, A. David (2014). *Making Things Better. A Workbook on Ritual, Cultural Values, and Environmental Behavior* (Oxford Ritual Studies), New York.

Nicolaus Cusanus (1972). *De coniecturis*. Opera omnia, Bd. III, hg. v. Joseph Koch/Karl Bormann, Hamburg.

Nietzsche, Friedrich (1974). *Werke. Kritische Gesamtausgabe*, Bd. VII/3, hg. v. Giorgio Colli/Mazzino Montinari, Berlin/New York.

Nishitani, Keiji (1986). *Was ist Religion?*, vom Verfasser autorisierte deutsche Übertr. v. Dora Fischer-Barnicol, 2. Aufl., Frankfurt am Main.

Nordhofen, Eckhard (2018). „Sabbatical", in: *Arbeit 5.0 oder Warum ohne Muße alles nichts ist*, hg. v. Martin W. Ramb/Holger Zaborowski, Göttingen, 41–53.

O'Donovan, Leo J. (2001). „TEMPI – Bildung im Zeitalter der Beschleunigung", in: *Engagement. Zeitschrift für Erziehung und Schule* 1, 37–48.

Pak, Ch'an-ho (2010). „*Wer sein Selbst verliert, wird es gewinnen*". *Romano Guardinis Verständnis der Person und seine Auseinandersetzung mit dem Buddhismus* (Scientia & religio 9), Freiburg/München.

Pieper, Josef (2008). *Muße und menschliche Existenz* (1959) (Werke 8,2), Hamburg, 453–458.

Schmid, Wilhelm (1998). „Lebenskunst als Ästhetik der Existenz", in: *Glück und Ethik*, hg. v. Joachim Schummer, Würzburg, 83–91.

Soeffner, Hans-Georg (2014). „Muße – Absichtsvolle Absichtslosigkeit", in: *Muße im kulturellen Wandel. Semantisierungen, Ähnlichkeiten, Umbesetzungen* (linguae & litterae 35), hg. v. Burkhard Hasebrink/Peter Philipp Riedl, Berlin/Boston, 34–53.

Tamcke, Martin (2008). *Im Geist des Ostens leben. Orthodoxe Spiritualität und ihre Aufnahme im Westen. Eine Einführung*, Frankfurt am Main/Leipzig.

Uhde, Bernhard (2011). *West-östliche Spiritualität – die inneren Wege der Weltreligionen. Eine Orientierung in 24 Grundbegriffen* (West-Östliche Weisheit 6), Freiburg.

- (1982). *Gegenwart und Einheit. Versuch über Religion* (unveröffentlichte Habilitationsschrift), Freiburg im Breisgau.
Vischer, Friedrich Theodor von (1846). *Ästhetik oder Wissenschaft des Schönen. 1. Theil: Die Metaphysik des Schönen*, Reutlingen/Leipzig.
Weber, Max (1991). „Zwischenbetrachtungen. Richtungen und Stufen religiöser Weltablehnung", in: *Max Weber. Studienausgabe der Gesamtausgabe*, Bd. 19 (Die Wirtschaftsethik der Weltreligionen. Konfuzianismus und Taoismus. Schriften 1915–1920), hg. v. Helwig Schmidt-Glintzer, in Zusammenarbeit m. Petra Kolonko, Tübingen, 209–234.
Wilde, Oscar (o.J.). Der Kritiker als Künstler, in: Ders., *Sämtliche Werke*, hg. v. Jonathan S. Lieberman, ins Dt. übertr. v. Brigitte Neuwald-Morton, Essen, 860–896.
Woppowa, Jan. „Sabbat – Sonntag – Freitag", in: *Das wissenschaftlich-religionspädagogische Lexikon im Internet* (WiReLex), http://www.bibelwissenschaft.de/stichwort/100184/ (abgerufen am 28.03.2019).
Zijderveld, Anton C. (1976). *Humor und Gesellschaft. Eine Soziologie des Humors und des Lachens*, aus dem Niederländ. übers. von Diethard Zils, Graz/Wien/Köln.